Adrian Welle

Steuern vermeiden durch Dividendenstripping

Wie die Regierung Cum-Ex-Geschäfte verhindern kann

Bibliografische Information der Deutschen Nationalbibliothek:

Die Deutsche Nationalbibliothek verzeichnet diese Publikation in der Deutschen Nationalbibliografie; detaillierte bibliografische Daten sind im Internet über http://dnb.d-nb.de abrufbar.

Impressum:

Copyright © EconoBooks 2021

Ein Imprint der GRIN Publishing GmbH, München

Druck und Bindung: Books on Demand GmbH, Norderstedt, Germany

Covergestaltung: GRIN Publishing GmbH

Inhaltsverzeichnis

Abkürzungsverzeichnis

sog.	sogenannt
u.	und
o.	oder
ggf.	gegebenenfalls
Vgl.	Vergleich
o.V.	ohne Verfasser
S.	Seite
BT-Drucksache	Bundestags-Drucksache
ca.	circa
AG	Aktiengesellschaft
bspw.	beispielsweise
d.h.	das heißt
AktG	Aktiengesetz
DepG	Depotgesetz
u.a.	unter anderem
KWG	Kreditwesengesetz
BaFin	Bundesanstalt für Finanzdienstleistungsaufsicht
bzw.	beziehungsweise
CCP	Central Counterparty, Zentraler Kontrahent
JHV	Jahreshauptversammlung
i.d.R.	in der Regel
EStG	Einkommensteuergesetz
Abs.	Absatz (in Verbindung mit Gesetzesnormen)
S.	Satz (in Verbindung mit Gesetzesnormen)
u.U.	unter Umständen
AO	Abgabenordnung
i.e.S.	im eigentlichen Sinne

z.B.	zum Beispiel
OTC	Over-The-Counter
BGB	Bürgerliches Gesetzbuch
OGAW-IV	Organismus für gemeinsame Anlagen in Wertpapieren
Nr.	Nummer (in Verbindung mit Gesetzesnormen)
Mrd.	Milliarden
o.g.	oben genannt
LK	Leerkäufer
LV	Leerverkäufer
bzgl.	bezüglich
i.V.m.	in Verbindung mit
i.S.d./v.	im Sinne des/von
BFH	Bundesfinanzhof
BMF	Bundesministerium der Finanzen
FG	Finanzgericht
EuGH	Europäischer Gerichtshof
n.h.M.	nach herrschender Meinung
BdB	Bundesverband deutscher Banken
FGO	Finanzgerichtsordnung
InvStRefG	Investmentsteuerreformgesetz
PUAG	Untersuchungsausschussgesetz
UA	Untersuchungsausschuss
OECD	Organisation für wirtschaftliche Zusammenarbeit und Entwicklung
o.Ä.	oder Ähnliches
i.H.v.	in Höhe von

1 Einleitung

1.1 Fragestellung

Am 18. Oktober 2018 veröffentlichte das *Recherchezentrum Correctiv*[1] unter dem Titel *„The Cum-Ex-Files"* seine Recherchen über die Nutzung spezieller Wertpapiergeschäfte zur (möglicherweise illegalen) steuerlichen Gestaltung.[2] Bereits vor der Veröffentlichung gab es Medienberichte zu den Vorgängen, nach der Veröffentlichung war das mediale Echo in Deutschland dann sehr groß. So sprach unter anderem die *Tagesschau* in einem Beitrag vom 18. Oktober 2018 vom *„Angriff auf Europas Steuerzahler"*[3], die *FAZ* von *„jahrelangen Steuerausfällen in Milliardenhöhe durch dubiose Aktiengeschäfte"*[4] und *Die Zeit* sah gar den *„größten Steuerraub in der deutschen Geschichte"*[5] aufgedeckt. Doch worum ging es bei den öffentlich gewordenen Praktiken genau? Sog. „Cum-Ex-Geschäfte" beschreiben (stark zusammengefasst) den Handel mit Aktien kurz vor und nach dem sog. Dividendenstichtag einer Aktiengesellschaft und daraus resultierenden Steuerzahlungen, welche ggf. zu Unrecht mehrfach vom Finanzamt erstattet wurden.[6] Das Urteil in den Medien war dahingehend zu deuten, dass durch das illegale Handeln einiger Banken und Finanzmarktteilnehmer[7] dem Finanzamt, und damit auch dem Steuerzahler, ein immenser Schaden entstanden sei. Die Vorgänge zu den Cum-Ex-Geschäften an sich waren jedoch schon vor Veröffentlichung der *„Cum-Ex-Files"* bekannt. So befasste sich unter anderem ein Parlamentarischer Untersuchungsausschuss zwischen 2016 und 2017 mit *„Gestaltungsmodellen zu sog. Cum-Ex-Geschäften"*.[8]

---

[1] „Correctiv" beschreibt sich selbst als „erstes gemeinnütziges Recherchezentrum im deutschsprachigen Raum" und ist für die Veröffentlichung der „Cum-ex-Files" veantwortlich. Vgl. o.V., (Correctiv - Über uns) [Zugriff am 18.06.2019]

[2] Vgl. Fend, R., Correctiv (The Cum-Ex-Files 2019) [Zugriff am 18.06.2019]

[3] Vgl. Daubenberger, M., Polke-Majewski, K., Rohrbeck, F., Salewski, C., Schröm, O., Tagesschau Online (Angriff auf Europas Steuerzahler 2018) [Zugriff am 18.06.2019]

[4] Vgl. o.V., FAZ Online (Dubiose Aktiengeschäfte kommen unter die Lupe 2016) [Zugriff am 18.06.2019]

[5] Vgl. Ackermann, L., Becker, B., Daubenberger, M., Faigle, P., Polke-Majewski, K., Rohrbeck, F., Salewski, C., Schröm, O., Zeit-Online (Der größte Steuerraub in der deutschen Geschichte 2017) [Zugriff am 18.06.2019]

[6] Vgl. Unfried, A., (Steuerrecht und Dividenden-Stripping 1998), S. 1

[7] Gemeint sind hier unter anderem Fonds, Broker und Händler

[8] Vgl. Deutscher Bundestag, (BT-Drucksache 18/12700 2017) [Zugriff am 18.06.2019]

Neben den Cum-Ex-Geschäften rückten auch die sog. „Cum-Cum-Geschäfte" in den medialen Fokus[9], die das Ziel haben, Steuererstattungen für Nicht-Erstattungsberechtige nutzbar zu machen. Diese beiden Subvarianten werden in der vorliegenden Arbeit unter dem Oberbegriff „Dividendenstripping" zusammengefasst.

Zielsetzung dieser Arbeit ist es, dem Leser die genutzten Modelle zu erläutern und verständlich zu machen, auch anhand grundlegender Informationen zu Aktien, Dividenden und deren Besteuerung. Nachdem die Analyse der genutzten Modelle abgeschlossen ist, stellt sich die Frage, wie die Vorgänge steuerrechtlich zu bewerten sind. Handelt es sich wirklich um einen massenhaft genutzten Steuerbetrug, wurde eine Gesetzeslücke ausgenutzt oder waren die Praktiken ganz legal? Zudem stellt sich die Frage, ob diese oder ähnliche Gestaltungen durch gesetzgeberische Maßnahmen (aktuell und in Zukunft) zu verhindern sind.

1.2 Gang der Arbeit

Diese Arbeit soll beim Leser in einem ersten Schritt die Grundlagen zum Verständnis der genutzten Modelle schaffen. Dazu wird in Kapitel 2 grundsätzlich erklärt, was eine Aktie überhaupt ist, wie diese Aktien gehandelt und verwahrt werden. Der für diese Arbeit zentrale Begriff der Dividende soll genauer erläutert und danach die Besteuerung dieser Dividenden aufgezeigt werden. Für die spätere Bewertung der genutzten Modelle ist es zudem notwendig, dass in diesem Kapitel eine Abgrenzung der Begriffe Steuervermeidung, Steuerumgehung und Steuerhinterziehung stattfindet.

In Kapitel 3 wird dann spezifisch auf die häufig genutzten Varianten des Dividendenstrippings eingegangen. Nach einer allgemeinen Definition des Begriffs werden die Cum-Ex- und Cum-Cum-Geschäfte in ihren einzelnen Schritten näher erläutert und in ihrer komplexen Zielsetzung analysiert.

Eine steuerrechtliche Würdigung der Modelle soll dann in Kapitel 4 folgen. Hierzu sollen sowohl die Cum-Ex- als auch die Cum-Cum-Geschäfte getrennt voneinander anhand ausgesuchter Expertenmeinungen und ergangener Rechtsprechung untersucht werden.

---

[9] Vgl. Schwerdtfeger, H., WirtschaftsWoche Online (Steuer-Schlupflöcher vor dem Aus 2015) [Zugriff am 18.06.2019]

Im Anschluss an die steuerrechtliche Würdigung soll in Kapitel 5 genauer beleuchtet werden, ob der Gesetzgeber auf die möglicherweise problematischen Modelle aufmerksam geworden ist und ob dementsprechend Gegenmaßnahmen ergriffen wurden. Wenn ja, sollen diese Maßnahmen bezüglich ihrer Wirksamkeit beurteilt werden.

Aufbauend auf dieses Kapitel sollen in Kapitel 6 mögliche neue Gegenmaßnahmen formuliert werden und überprüft werden, ob diese Maßnahmen ggf. wirksamer als die bisher getroffenen Maßnahmen seien könnten.

Diese Arbeit abschließend soll in Kapitel 7 ein Fazit gezogen werden, in dem die gewonnen Erkenntnisse dem Leser verdichtet aufgeführt werden sollen und die Eingangsfragen bzgl. der Legalität bzw. Verhinderung solcher Modelle noch einmal aufgegriffen werden.

2 Grundlegendes

2.1 Definition einer Aktie und deren Dividende

2.1.1 Aktien als Beteiligung an einem Unternehmen

In Deutschland firmieren ca. 15.000 Unternehmen als Aktiengesellschaft (kurz: AG)[10], bei denen durch die Ausgabe von Aktien das (Mit-)Eigentum auf viele Aktionäre verteilt ist.

Als Anteilseigner hat der Aktionär bestimmte Rechte gegenüber der Aktiengesellschaft, die sich in die *Mitgliedschaftsrechte* (bspw. Teilnahme/Stimmrecht an der Jahreshauptversammlung) und die *Vermögensrechte* (bspw. Anspruch auf Gewinnbeteiligung/Liquidationserlös) aufteilen, von denen die wohl wichtigsten das Stimmrecht, das Recht auf Liquidationserlös und das Recht auf Gewinnbeteiligung (Dividendenanspruch) sind.[11]

Das Stimmrecht[12] beschreibt das Recht der Aktionäre auf der Jahreshauptversammlung der AG an Beschlüssen mitzuwirken und über diese auch abzustimmen.[13]

Das Recht auf Liquidationserlös ergibt sich daraus, dass der Aktionär als Anteilseigner des Unternehmens auch das unternehmerische Risiko mitträgt, d.h. er im Falle der Insolvenz bzw. Liquidation mithaften muss, allerdings begrenzt auf die Höhe seiner Einlage in Höhe seines Aktienbestands.[14] Im Rahmen der Liquidation wird das Vermögen des Unternehmens veräußert Verbindlichkeiten bedient, ein verbleibender Überschuss wird als Liquidationserlös an die Aktionäre verteilt.[15]

---

10   Vgl. Freudenberg, T., (Anzahl der Aktiengesellschaften in Deutschland 2007), Aktienrecht in Zahlen – Anzahl der Aktiengesellschaften in Deustchland, Der Betrieb 01.09.2007, Heft 17, Seite R375

11   Vgl. Schmalenbach, E., (Die Aktiengesellschaft 1950), S. 41

12   Neben Aktien mit Stimmrecht existiert eine weitere Form der Aktie, die sog. Vorzugsaktie, für deren Aktionäre zwar kein Stimmrecht vorgesehen ist, dieses aber durch eine höhere Gewinnbeteiligung kompensiert wird. Vorzugsaktien sind für den weiteren Gang dieser Arbeit nicht von Bedeutung. Vgl. Schmalenbach, E., (Die Aktiengesellschaft 1950), S. 42

13   Vgl. Winkler, N., (Das Stimmrecht der Aktionäre in der Europäischen Union 2006), S. 12

14   Vgl. Jansch, T., (Die Rolle der Aktionäre in Publikumsgesellschaften 1999), S. 24

15   Vgl. Manz, G., Mayer, B., Schröder, A., (Die Aktiengesellschaft 2014), S. 555

Der Dividendenanspruch ist für die vorliegende Arbeit sicherlich das bedeutsamste Merkmal einer Aktie und wird in 2.1.4 näher erläutert.

2.1.2 Verwahrung von Aktien

Wie bereits beschrieben erfolgt bei einer AG die Verbriefung des Miteigentums über die ausgegebenen Aktien. Historisch gesehen haben AGs und Aktien eine Vergangenheit, die bis in die Tage der Industrialisierung zurückreichen.[16] Zu dieser Zeit war es üblich, dass die einzelnen Aktien in Form von Urkunden ausgestellt wurden (sog. „Effekten"[17]) und an die Aktionäre ausgegeben wurden. In der heutigen Zeit ist die physische Auslieferung von Effekten an den Aktionär eher selten geworden. Grund dafür ist, wie in vielen Bereichen, der technische Fortschritt und die zunehmende Digitalisierung. Auch kann lt. § 10 Abs. 5 AktG die AG in ihrer Satzung verfügen, dass die einzelnen Aktionäre keinen Anspruch auf Verbriefung ihrer individuellen Anteile haben bzw. diesen Anspruch einschränken.

Heutzutage wird häufig eine sog. „Sammelurkunde" ausgestellt, die die Rechte der einzelnen Aktionäre sammelverbrieft.[18] Die häufigste Form der Sammelurkunde ist die sog. „Globalurkunde", bei der die Aktionäre nach §§ 9a Abs. 2, 6 Abs. 1 S. 1 DepG Miteigentum an ihr erlangen. Die Verwahrung dieser Globalurkunde erfolgt bei einer Wertpapiersammelbank[19], in Deutschland ist dies die Clearstream International S.A. (kurz: Clearstream). Die einzelnen Aktionäre wiederum unterhalten keine direkte Geschäftsverbindung zu Clearstream sondern haben bei ihrer jeweiligen Hausbank ein Depotkonto, der Depotbank.[20] [21] Clearstream teilt

---

[16] Vgl. Homolka, W., Kauper, I., Küspert, A., (Das Wertpapiergeschäft 1993), S. 27

[17] Effekten oder auch effektive Stücke genannt bestehen aus verschiedenen Bestandteilen: Der sog. „Mantel" verbrieft das Mitgliedschaftsrecht an der jeweiligen AG. Der sog. „Bogen" wiederum besteht aus den sog. „Kupons" und dem sog. „Talon". Die Kupons werden zur Geltendmachung des Dividendenanspruchs genutzt, der Talon hat die Funktion einen neuen Bogen zu beschaffen, wenn die Kupons aufgebraucht sind.

[18] Vgl. Kolbinger, K., (Das wirtschaftliche Eigentum an Aktien 2008), S. 110

[19] Wertpapiersammelbanken sind spezielle Banken (sog. Spezialinstitute), die nach § 1 Abs. 3 DepG als Zentralverwahrer für Wertpapiere nach § 1 Abs. 1 DepG dienen sollen (worunter auch Aktien fallen). Neben ihrer Funktion als Verwahrer hat die Wertpapiersammelbank noch die Aufgabe als sog. Girostelle für die angeschlossenen Depotbanken zu fungieren, d.h. (zusammengefasst) den Handel von den verwahrten Wertpapieren zu unterstützen. Vgl. Opitz, G., (Wegweiser im Depotgeschäft 1959), S. 26

[20] Die Verwahrung und Verwaltung von Wertpapieren zählt nach § 1 KWG zu den originären Bankgeschäften, d.h. nur Banken die nach §§ 32, 33 KWG eine Erlaubnis der Europäischen

somit die jeweiligen Rechte zuerst an die Depotbanken auf, die dann spezifisch die einzelnen Rechte an der Globalurkunde in die jeweiligen Aktionärsdepots verbuchen.[22]

Neben der Verwahrung hat die Depotbank auch noch andere Aufgaben zu leisten, u.a. den Aktionären Steuerbescheinigungen über gezahlte Kapitalertragsteuer (bspw. auf Dividenden) zur Vorlage beim Finanzamt auszustellen. [23] [24]

2.1.3 Veräußerbarkeit/Handel von Aktien über die Börse und außerbörslich

Warum wird in Aktien investiert? Grundsätzlich lassen sich auf diese Frage viele verschiedene Antworten geben. Man kann als Aktionär, wie bereits beschrieben über die Geschicke des Unternehmens (im begrenzten Maße[25]) mitentscheiden.[26] Ökonomisch profitiert der Aktionär von seinem Recht auf eine Gewinnausschüttung bzw. Dividende, welches für ihn einen laufenden Ertrag darstellt.[27] Zum anderen können bei Aktien Kursgewinne[28] durch die Wechselwirkung von Angebot und Nachfrage entstehen, die beim Verkauf der entsprechenden Aktie realisiert werden können.[29]

Ein Ort, an dem Angebot und Nachfrage nach Aktien zusammengeführt ist die Börse.[30] Die Börse ermöglicht es, dass Kauf- und Verkaufsaufträge für Aktien an einem zentralen Ort gebündelt zusammengeführt werden.[31] Damit ein Wertpapier an einer Börse handelbar ist, muss seine Fungibilität bzw.

Zentralbank (in Absprache mit der Bundesanstalt für Finanzdienstleistungsaufsicht (BaFin)) haben, dürfen diese Geschäfte tätigen.

[21] Nach § 3 DepG erfolgt somit eine Drittverwahrung bei einer Wertpapiersammelbank, bei der die Wertpapiere nach § 5 DepG in Sammelverwahrung verwahrt werden. Vgl. Ettmann, B., Wolff, K., Wurm, G., (Kompaktwissen Bankbetriebslehre 2012), S. 279

[22] Vgl. Knigge, D., Wittig, P., (Die zivil-, steuer-, und strafrechtlichen Dimensionen von Cum/Ex- und Cum/Cum-Geschäften 2019), S. 38

[23] Vgl. Bley, S., (Wertpapiergeschäft 1979), S. 426

[24] Vgl. Seegebarth, N., (Stellung und Haftung der Depotbank 2004), S. 45 ff.

[25] Der Aktionär kann bspw. über die Entlastung des Vorstands abstimmen, hat aber kein Mitbestimmungsrecht im Tagesgeschäft der Aktiengesellschaft

[26] Vgl. Höppner, M., (Mehr Mitbestimmung durch Shareholder-Value? 2002)

[27] Vgl. Fugger, H., (Handbuch der erfolgreichen Aktienanlage 2000), S. 384

[28] Natürlich auch Verluste

[29] Vgl. Götte, R., (Aktien, Anleihen, Futures, Optionen 2001), S. 72

[30] Bekannte Börsen sind beispielweise die Frankfurter Wertpapierbörse, die Wertpapierbörse in Stuttgart oder die New Yorker Wertpapierbörse (englisch: New York Stock Exchange); Vgl. Bley, S., (Wertpapiergeschäft 1979), S. 206

[31] Vgl. Bley, S., (Wertpapiergeschäft 1979), S. 209

Vertretbarkeit gegeben sein[32], durch die häufige Ausgabe von sog. „Inhaberaktien" [33] ist die Fungibilität von Aktien in Deutschland in hohem Maße erfüllt, denn diese verbriefen alle die selben Rechte und Pflichten. [34]

Früher wurden Geschäft zwischen Käufern und Verkäufern auf dem Börsenparkett von Maklern[35] zusammen geführt bzw. vermittelt.[36] Mittlerweile wurde diese Art des Handels durch elektronische, computergestützte Systeme abgelöst, bei denen ein sog. „Zentraler Kontrahent" (kurz: CCP) eine wichtige Funktion übernimmt. Aktionäre geben ihre jeweiligen Orders[37] hier direkt in das Handelssystem der jeweiligen Börse ein, bspw. über das Internet. Die Verkaufsabwicklung an der Börse verläuft grundsätzlich anonym, der CCP übernimmt (vereinfacht gesagt) eine Mittlerfunktion zwischen den Parteien, indem er sowohl mit dem Käufer als auch dem Verkäufer im ersten Schritt eine Vertragsbeziehung eingeht und als Vertragspartner bekannt ist um dann im zweiten Schritt das eigentlich gewünschte Geschäft durchzuführen.[38]

Eine Börsentransaktion wie der Kauf/Verkauf einer Aktie ist ein sehr technischer Vorgang, der sich in vier Schritten vollzieht: Der Order (schuldrechtliches Geschäft), dem Matching (Transaktionsabgleich), dem Clearing (Verrechnung der einzelnen Geschäfte) und dem Settlement (dingliches Erfüllungsgeschäft)[39]. Das Erfüllungsgeschäft bei einer Aktientransaktion wird durch Umbuchungen im System von Clearstream und Einbuchung in das Depot des Käufers abgewickelt. Die gängigen Börsenusancen sehen vor, dass zwischen der Order und dem Settlement eine Frist von zwei Börsentagen liegt, d.h. der Abschluss des

---

[32] Vgl. Bley, S., (Wertpapiergeschäft 1979), S. 209

[33] Grundsätzlich besteht noch die Möglichkeit der Ausgabe von sog. „Namensaktien". Dabei führt die Aktiengesellschaft ein sog. Aktienbuch, in der die jeweiligen Aktionäre namentlich vermerkt werden, sodass dieses bei einem Aktionärswechsel dementsprechend angepasst werden müsste. Vgl. Bley, S., (Wertpapiergeschäft 1979), S. 84

[34] Vgl. Bley, S., (Wertpapiergeschäft 1979), S. 84

[35] Hier kann zwischen amtlichen und freien Maklern unterschieden werden, für diese Arbeit ist die Unterscheidung jedoch nicht notwendig; Vgl. Bley, S., (Wertpapiergeschäft 1979), S. 221

[36] Vgl. Bley, S., (Wertpapiergeschäft 1979), S. 222

[37] D.h. Kauf- bzw. Verkaufsaufträge. Vgl. o.V., (Order) [Zugriff am 18.06.2019]

[38] Somit ist der CCP derjenige Vertragspartner, der an den Börsen die meisten Vertragsbeziehungen eingeht; Vgl. Schöning, S., (CCP) [Zugriff am 18.06.2019]

[39] Vgl. Scheidt, S., (Zum Verständnis von „cum/ex" 2019), S. 28

schuldrechtlichen Geschäfts und die dingliche Erfüllung zeitlich auseinanderfallen.[40]

Der Handel von Wertpapieren muss aber nicht zwingend börslich abgewickelt werden. Es gibt vielmehr auch die Möglichkeit, außerbörslich Wertpapiergeschäfte zu tätigen. Gerade zwischen Banken und Finanzunternehmen ist es üblich, dass (vornehmlich für den Eigenhandel[41]) ein reger Handel außerhalb der Börse stattfindet.[42] Diese Geschäfte werden „Over-The-Counter"-Geschäfte (kurz: OTC-Geschäfte) genannt und zeichnen sich dadurch aus, dass bei ihnen nicht die üblichen Börsengebühren anfallen, auch außerhalb der Börsenzeiten[43] gehandelt werden kann und eine beschleunigte Handelsabwicklung ermöglicht wird.[44] Die o.g. Abwicklungsfrist von zwei Börsentagen gilt bei diesen Geschäften daher nicht zwingend.

2.1.4 Ausschüttung einer Dividende als Gewinnbeteiligung des Unternehmens

Wie bereits in 2.1.1 beschrieben, hat der Aktionär das Recht auf eine Gewinnbeteiligung am Unternehmen nach §58 Abs. 4 AktG. Die (ordentliche[45]) Jahreshauptversammlung (kurz: JHV) einer AG entscheidet u.a. über die Verwendung eines etwaigen Bilanzgewinns.[46] Beschließt die JHV die Ausschüttung des Bilanzgewinns, spricht man von einer Dividende.[47] Der Tag der JHV stellt zudem den Dividendenstichtag dar[48], nur Aktionäre die an diesem Tag Eigentümer der Aktie sind erhalten danach eine Dividende ausgeschüttet.[49]

---

40 Sog. T+2-Abwicklungszyklus. Vgl o.V., (Änderung Settlement-Zyklus auf T+2)

41 D.h. nicht auf Auftrag eines Kunden, sondern für die (bank-)eigenen Wertpapierbestände.

42 Vgl. Bley, S., (Wertpapiergeschäft 1979), S. 288

43 Zeiten, in denen die Börse für den Handel geöffnet ist. An der Frankfurter Wertpapierbörse sind die Handelszeiten für Aktien bspw. auf werktags 8-20 Uhr festegelegt. Vgl. Bley, S., (Wertpapiergeschäft 1979), S. 207

44 Vgl. o.V., (Außerbörslicher Handel) [Zugriff am 18.06.2019]

45 Abzugrenzen ist die außerordentlich JHV, die auf Verlangen des Aufsichtsrates der AG oder einer Minderheit von Aktionären, die min. 5% am Grundkapital der AG halten, einberufen werden kann nach §§ 111, 122 AktG. Vgl. Ettmann, B., Wolff, K., Wurm, G., (Kompaktwissen Bankbetriebslehre 2012), S. 211

46 Auch: Jahresüberschuss. Vgl. Ettmann, B., Wolff, K., Wurm, G., (Kompaktwissen Bankbetriebslehre 2012), S. 211

47 Es ist nach § 150 AktG auch möglich, den Bilanzgewinn als Rücklage im Unternehmen zu belassen, d.h. nicht an die Aktionäre auszuschütten.

48 Vgl. Ettmann, B., Wolff, K., Wurm, G., (Kompaktwissen Bankbetriebslehre 2012), S. 211

49 Vgl. Ettmann, B., Wolff, K., Wurm, G., (Kompaktwissen Bankbetriebslehre 2012), S. 211

Durch die Zahlung der Dividende fällt i.d.R. (rechnerisch und tatsächlich) der Kurs der Aktie, da aus dem Unternehmen liquide Mittel abgeflossen sind und die Aktionäre ein komplettes Jahr auf eine erneute Dividendenzahlung warten müssen.[50] Um im Handel ersichtlich zu machen, ob eine Aktie mit oder ohne Dividendenanspruch ist, existieren die Notierungen bzw. Kurszusätze „cum" und „ex". Diese beiden Begriffe sind aus dem lateinischen entlehnt und bedeuten „mit Dividendenanspruch" (cum) und „ohne Dividendenanspruch" (ex).[51]

2.2 Besteuerung von Dividenden

Die Zahlung einer Dividende wird gemeinhin als Kapitalertrag bezeichnet. Der Begriff des Kapitalertrags[52] wird rechtlich im § 20 EStG definiert und zählt hier explizit den Begriff der Dividende in Abs. 1 Nr. 1 auf.[53] [54]

Die in § 20 Abs.1 Nr.1 EStG aufgeführten Kapitalerträge unterliegen in Deutschland generell der Kapitalertragsteuer[55], der Steuersatz beträgt hier gemäß § 43a Abs. 1 S. 1 Nr. 1 EStG 25%.[56] Die Kapitalertragsteuer ist eine Erhebungsform der Einkommens- bzw. Körperschaftssteuer und wurde bis 2012 als Quellensteuer von der auszahlenden Stelle (d.h. dem Gläubiger der Kapitalerträge, in diesem Fall der ausschüttenden AG) einbehalten und an das Finanzamt abgeführt.[57]

Die gezahlte Kapitalertragsteuer kann jedoch nach § 36 Abs. 2 Nr. 2 EStG bei einem unbeschränkt Steuerpflichtigen auf die Einkommens- bzw. Körperschaftssteuer angerechnet werden, d.h. die bereits durch die Kapitalertragsteuer gezahlten Steuerbeträge können u.U. von der Steuerschuld anderer Steuern abgezogen und ggf. erstattet werden.[58] [59] Diese Regelungen gelten für in Deutschland ansässige, unbeschränkt Steuerpflichtige.

---

[50] Sog. Dividendenabschlag; Vgl. Bley, S., (Wertpapiergeschäft 1979), S. 242

[51] Vgl. Bley, S., (Wertpapiergeschäft 1979), S. 242

[52] Synonym: Einkünfte aus Kapitalvermögen

[53] Vgl. Mertz, N., (Kapitalerträge aus börsennotierten Aktien 2018), S. 24

[54] Aus wirtschaftswissenschaftlicher Sicht wird ein Kapitalertrag auch als *Verzinsung des investierten Kapitals in Form von Gewinnen, Dividenden, Zinsen [...]* gesehen. Vgl. Corsten, H., Gösser, R., (Lexikon der Betriebswirtschaftslehre 2008)

[55] Vgl. Strohm, J., Jachmann-Michel, M., (Abgeltungssteuer 2016), S. 13 ff.

[56] Solidaritätszuschlag und Kirchensteuer werden in dieser Arbeit nicht betrachtet.

[57] Vgl. Scheidt, S., (Zum Verständnis von „cum/ex" 2019), S. 28

[58] Vgl. Minter, S., (Anrechenbarkeit von Steuern) [Zugriff am 18.06.2019]

Anders verhält es sich bei im Ausland ansässigen beschränkt Steuerpflichtigen nach § 1 Abs. 4 EStG bzw. § 2 KStG. Für diesen Kreis sind die in Deutschland bezogenen Dividenden ebenfalls der Kapitalertragsteuer gemäß § 49 Abs. 1 Nr. 5 EStG unterworfen. Anders als unbeschränkt Steuerpflichtige besteht für sie aber keine Möglichkeit der Anrechnung der Kapitalertragsteuer. Allerdings kann sich die Definitivbelastung von 25% u.a. für beschränkt steuerpflichtige Kapitalgesellschaften nach § 44a Abs. 9 S.1 EStG auf 15% reduzieren, ggf. kann dieser Prozentsatz noch durch Doppelbesteuerungsabkommen oder die sog. „Mutter-Tochter-Richtlinie" verringert werden.[60]

2.3 Definition und Abgrenzung von Steuervermeidung, Steuerumgehung und Steuerhinterziehung

Steuern werden im § 3 Abs. 1 AO als *„Geldleistungen, die nicht an eine Gegenleistung geknüpft sind"* definiert. Sie werden von einem öffentlich-rechtlichen Gemeinwesen auferlegt und sollen u.a. dem Ziel der Einnahmenerzielung[61] dienen.[62] Die Geschichte der Steuern geht bis zu 5.000 Jahre zurück[63], schon zu dieser Zeit wurde von einigen Steuerpflichtigen versucht, sich der Steuerzahlung zu entziehen, das Phänomen des Strebens nach möglichst wenig zu zahlenden Steuern ist daher nicht neu.[64]

In der öffentlichen Diskussion werden häufig die Begriffe Steuervermeidung, Steuerumgehung und Steuerhinterziehung synonym verwendet und nicht klar voneinander abgegrenzt, obwohl sie gänzlich unterschiedliche Bedeutungen haben. In diesem Kapitel soll versucht werde, die drei Begriffe zu definieren und klare Abgrenzungskriterien aufzustellen, um anhand dieser im späteren Verlauf spezifische Modelle des Dividendenstrippings einzuordnen.

---

[59] Als Stichworte seien hier genannt: Vollentlastungssystem, Anrechnungs- und Freistellungsverfahren. Die ausführliche, rechtliche Grundlage für die Anrechnung auf die Körperschafts- bzw. Einkommensteuer ist nicht Gegenstand dieser Arbeit. Eine ausführliche Behandlung der Thematik ist zu finden in Otto, T., (Die Besteuerung von gewinnausschüttenden Körperschaften 2007), S. 19 ff.

[60] Vgl. Dutt, V., Spengel, H., Vay, H., (Dividendenstripping durch Cum/Ex- und Cum/Cum-Geschäfte 2018), S. 233

[61] Auch andere Ziele denkbar, so gibt es beispielweise sog. Lenkungssteuern (bspw. Alko-Pop-Steuer) die das Verhalten der Steuerzahler lenken soll.

[62] Vgl. Kraft, C., Kraft, G., (Grundlagen der Unternehmensbesteuerung 2017), S. 1

[63] Vgl. o.V., (Die Geschichte der Steuern) [Zugriff am 18.06.2019]

[64] Vgl. Seewald, B., Welt Online (So drückte man sich im alten Rom vor der Steuer) [Zugriff am 18.06.2019]

2.3.1 Steuervermeidung

Die Steuervermeidung beschreibt den Sachverhalt, dass ein Steuerpflichtiger seine wirtschaftlichen Vorgänge rechtlich so gestalten kann und darf, dass der Steuertatbestand bzw. Steuergegenstand[65] nicht vorliegt, es gilt der Grundsatz der Gestaltungsfreiheit.[66] Der Steuerpflichtige ist grundsätzlich frei in seiner rechtlichen Gestaltung, solange er gegenüber dem Finanzamt keine falschen oder fehlenden Angaben macht.[67] [68] Ziel der Steuervermeidung ist es, durch Vermeidung steuerlicher Tatbestände die individuelle Steuerlast zu verringern bzw. gar nicht aufkommen zu lassen und so einen ökonomischen Vorteil zu haben.

2.3.2 Steuerumgehung

Von dieser legalen Form der Steuergestaltung ist die Steuerumgehung abzugrenzen. Im Gegensatz zur „angemessenen Gestaltung" der Steuervermeidung ist hier auf eine „dem ökonomischen Vorgang unangemessene" bzw. missbräuchliche Gestaltung abzustellen, die das Ziel einer Steuerersparnis verfolgt.[69] § 42 S. 1 AO weist ganz explizit darauf hin, dass durch den Missbrauch von Gestaltungsmöglichkeiten des Rechts das Steuergesetz nicht umgangen werden kann, Gestaltungen die als missbräuchlich erachtet werden also nicht zum Entstehen eines rechtmäßigen Steuervorteils führen.[70]

Als missbräuchliche Gestaltung definiert § 42 S. 2 AO Gestaltungen, die „unangemessen" sind und beim Steuerpflichtigen bzw. einem Dritten einen „gesetzlich nicht vorgesehenen Steuervorteil" hervorrufen, ohne das außersteuerliche Gründe für die gewählte Gestaltung vorliegen. Ob eine Gestaltung als „unangemessen" bzw. ein Steuervorteil als „gesetzlich nicht vorgesehen" einzuschätzen ist, wird von den Finanzbehörden bzw. Finanzgerichten entschieden.[71] Wird eine Gestaltung von eben diesen als

---

[65] Tatbestand, dessen Vorliegen die Grundlage für eine Besteuerung ist und damit Voraussetzung für das Entstehen einer Steuerschuld. Vgl. Eggert, W., (Steuerobjekt) [Zugriff am 18.06.2019]

[66] Vgl. Franz, T., (Allgemeine Regeln zu Bekämpfung der Steuerumgehung 2017), S. 21

[67] Vgl. Wrede, M., (Ökonomische Theorie des Steuerentzuges 1993), S. 11

[68] *„Von mehreren angemessenen rechtlichen Gestaltungen darf der Steuerpflichtige die Günstigste wählen"* Vgl. Tipke, K., Lang, J., (Steuerrecht 1991), S. 115

[69] Vgl. Franz, T., (Allgemeine Regeln zu Bekämpfung der Steuerumgehung 2017), S. 62 ff.

[70] Die Steuerumgehung wird dabei als Spezialfall der Gesetzesumgehung gesehen. Vgl. Tipke, K., Lang, J., (Steuerrecht 1991), S. 111 f.

[71] Vgl. Tipke, K., Lang, J., (Steuerrecht 1991), S. 117

missbräuchlich angesehen, so ist dieses Verhalten jedoch nicht strafbar, der Steuerpflichtige hat in diesem Fall nur die „eigentliche" Steuer nachzuzahlen, die bei einer „angemessenen" Gestaltung hätte entrichtet werden müssen.[72]

2.3.3 Steuerhinterziehung

Zuletzt soll die Steuerhinterziehung betrachtet werden. Sie ist das Zentraldelikt des Steuerstrafrechts und wird in § 370 AO definiert.[73] Die Erfüllung einer Steuerhinterziehung setzt grundsätzlich eine Tathandlung voraus[74], die daraus bestehen kann, dass den Finanzbehörden oder anderen Behörden unrichtige oder unvollständige Angaben über steuerlich erhebliche Tatsachen gemacht werden, die Finanzbehörden pflichtwidrig über steuerliche Tatsachen in Unkenntnis gelassen werden oder pflichtwidrig die Verwendung von Steuerzeichen oder Steuerstempeln unterlassen wird. Die Steuerhinterziehung setzt voraus, dass die Tathandlungen vorsätzlich erfüllt wurden[75], bereits ein Eventualvorsatz reicht hier aus.[76] Auch der Versuch einer Steuerhinterziehung ist strafbar.[77] Im Gegensatz zur Steuerumgehung ist die Steuerhinterziehung unter Strafe gestellt, das Strafmaß reicht von einer Geldstrafe bis zu mehrjährigen Freiheitsstrafen.[78]

---

[72] Vgl. Tipke, K., Lang, J., (Steuerrecht 1991), S. 115

[73] Dabei stellt die Steuerhinterziehung einen Spezialfall des Betruges dar. Vgl. Tipke, K., Lang, J., (Steuerrecht 1991), S. 775 ff.

[74] Vgl. Tipke, K., Lang, J., (Steuerrecht 1991), S. 776 f.

[75] Vgl. Tipke, K., Lang, J., (Steuerrecht 1991), S. 778

[76] Ein Eventualvorsatz der Steuerhinterziehung bedeutet, dass der Steuerpflichtige seine Handlungen als möglicherweise steuerhinterziehend erkennt, sich mit diesem Risiko aber abfindet. Vgl. Hüls, S., Ransiek, A., (Zum Eventualvorsatz bei der Steuerhinterziehung 2011), S. 678 ff.

[77] Vgl. Tipke, K., Lang, J., (Steuerrecht 1991), S. 778

[78] Vgl. Tipke, K., Lang, J., (Steuerrecht 1991), S. 779

3 Definition und Ablauf des Dividendenstrippings

3.1 Begriffserklärung

In diesem Abschnitt soll dem Leser verdeutlicht werden, was unter dem Begriff Dividendenstripping verstanden wird und im Folgenden anhand ausgewählter Beispiele der Ablauf dieser Gestaltungsmodelle verdeutlicht werden.

Der Begriff des Dividendenstrippings setzt sich aus dem Begriff der Dividende und dem englischen Verb „[to] strip" zusammen. Dies lässt sich ins Deutsche in diesem Kontext am ehesten mit „abstreifen" übersetzen und wird von einigen Autoren in der Literatur dahingehend interpretiert, dass das Dividendenstripping Vorgänge beschreibt, bei denen eine Abtrennung des Gewinnanspruchs vom Stammrecht vorgenommen wird und in der Folge isoliert veräußert wird.[79] Allerdings ist der Terminus in der Literatur recht jung und wird erst seit ca. 1990 im deutschsprachigen Raum verwendet[80], sodass es auch noch andere Deutungen dahingehend gibt, wie Dividendenstripping zu definieren ist.

Für diese Arbeit und das Verständnis der genutzten Modelle bietet sich daher am ehesten die prägnantere Begriffserklärung an, dass das Dividendenstripping Gestaltungsmodelle beschreibt, bei denen eine Übertragung von Aktien in zeitlicher Nähe zum Dividendenstichtag einer AG stattfindet und nach dem Dividendenstichtag die Übertragung häufig rückgängig gemacht wird. Damit diese Gestaltung als Dividendenstripping i.e.S. zu betrachten ist, sieht die Literatur noch die Erlangung eines steuerlichen Vorteils als notwendig an.[81]

Die Ausgestaltungsmöglichkeiten des Dividendenstrippings sind recht vielfältig, es können auch (derivative[82]) Finanzinstrumente, die Aktien als Basiswert haben, genutzt werden.[83] Diese Untersuchung beschränkt sich jedoch auf das Dividendenstripping mit Aktien und wird anhand der Cum-Cum-Geschäfte (mit

---

[79] Vgl. Unfried, A., (Steuerrecht und Dividenden-Stripping 1998), S. 6

[80] Vgl. Unfried, A., (Steuerrecht und Dividenden-Stripping 1998), S. 5

[81] Vgl. Unfried, A., (Steuerrecht und Dividenden-Stripping 1998), S. 8

[82] Derivate beschreiben Termin- und Optionsgeschäfte, bei denen die Wertentwicklung vom jeweils unterlegten Basiswert (z.B. einem Aktienwert) abhängt. Vgl. Ettmann, B., Wolff, K., Wurm, G., (Kompaktwissen Bankbetriebslehre 2012), S. 185

[83] Bspw. Optionen oder Futures (bedingte Termingeschäfte, zu denen eine Aktie geliefert bzw. abgenommen werden kann/muss). Vgl. Unfried, A., (Steuerrecht und Dividenden-Stripping 1998), S. 43, 67

Wertpapierleihe) und Cum-Ex-Geschäfte (mit Leerverkauf) die Abläufe analysieren.

3.2 Varianten des Dividendenstrippings

3.2.1 Cum-Cum-Geschäfte

Für die Anrechnung der Kapitalertragsteuer ist es von Bedeutung, ob der Empfänger der Dividende in Deutschland unbeschränkt steuerpflichtig ist oder nicht. Im Ergebnis führt dies zu einer Definitivbesteuerung von ca. 15% auf die erhaltende Dividende bei ausländischen, beschränkt Steuerpflichtigen (Steuerausländern), die nicht erstattet/angerechnet werden können.[84] Um diese steuerliche Belastung zu vermeiden werden die Cum-Cum-Geschäfte genutzt. Bei diesen Transaktionen sind sowohl beim Erwerb der Aktien (schuldrechtliches Verpflichtungsgeschäft) als auch bei deren Lieferung (dingliches Erfüllungsgeschäft) die Aktien mit (cum) einem Dividendenanspruch verbunden, d.h. das Erfüllungsgeschäft zum Verpflichtungsgeschäft findet vor dem Dividendenstichtag statt.[85]

Der Ablauf dieser Geschäfte lässt sich modellhaft wie folgt beschreiben: Der beschränkt steuerpflichtige, ausländische Aktionär A hält Aktien der deutschen X-AG. Vor dem Dividendenstichtag vereinbart A mit dem, in Deutschland ansässigen, unbeschränkt steuerpflichtigen, Erwerber B (Steuerinländer) in einem OTC-Geschäft, dass diese Aktien mit Dividendenanspruch auf B übertragen werden sollen.[86]

---

[84] Doppelbesteuerungsabkommen (d.h. völkerrechtlich bindende Verträge mit Drittstaaten über die Vermeidung von Doppelbesteuerung von Einkommen; Vgl. Tipke, K., Lang, J., (Steuerrecht 1991), S. 84) bleiben bei der Darstellung außer Betracht.

[85] Vgl. Scheidt, S., (Zum Verständnis von „cum/ex" 2019), S. 27

[86] Vgl. Dutt, V., Spengel, H., Vay, H., (Dividendenstripping durch Cum/Ex- und Cum/Cum-Geschäfte 2018), S. 233

Für diese Übertragung der Aktien wurde häufig eine sog. „Wertpapierleihe"[87] genutzt. Wertpapierleihen zeichnen sich dadurch aus, dass der Verleiher (hier A) dem Entleiher (hier B) für eine festgelegte Zeit Aktien überlässt und der Entleiher dafür eine Wertpapierleihgebühr bezahlt und die Aktien nach Ablauf der vereinbarten Dauer wieder auf den Verleiher zurückübertragen werden.[88] Wertpapierleihen werden i.d.R. direkt zwischen den Beteiligten als OTC-Geschäfte vereinbart und über Clearstream abgewickelt.

Nachdem die Umbuchung der Aktie in das Depot des B vollzogen wurde, beschließt die X-AG auf ihrer JHV die Ausschüttung einer Dividende. Diese wird an Entleiher B ausgezahlt, da sich die Aktie zum Dividendenstichtag in seinem Depot befand. Parallel zur Auszahlung der Nettodividende nahm die ausschüttende AG bis zum 01.01.2012 den Einbehalt und die Abführung der Kapitalertragsteuer an das Finanzamt nach § 44 Abs. 1 S. 3 EStG a.F. vor.[89] Über die gezahlte Kapitalertragsteuer konnte sich B gemäß § 45a EStG eine Bescheinigung seiner depotführenden Bank ausstellen lassen. Mit Vorlage dieser Bescheinigung konnte B nun gemäß § 36 Abs. 2 Nr. 2 S. 2 EStG die Anrechnung der gezahlten Kapitalertragsteuer bei seinem Veranlagungsfinanzamt beantragen.[90]

Der wirtschaftliche Erfolg dieser Gestaltung hängt von der Anrechnung der Kapitalertragsteuer beim Entleiher B durch das Finanzamt ab. Für den Steuerausländer A stellte die erhaltende Wertpapierleihgebühr in Höhe der Bruttodividende eine steuerfreie Zahlung dar, da diese nicht zu den beschränkt steuerpflichtigen Einkünften nach § 49 EStG zählt.[91]

---

[87] Wertpapierleihen sind nicht, wie es die Bezeichnung vermuten lässt, Leihen im Sinne des § 598 BGB. Vielmehr werden sie nach herrschender Meinung als Sachdarlehen im Sine des § 607 BGB klassifiziert, bei denen der Darlehensgeber (Verleiher) dem Darlehensnehmer (Entleiher) eine vertretbare Sache überlässt. Dafür zahlt der Darlehensnehmer ein Entgelt und verpflichtet sich, die Sache in gleicher Art, Güte und Menge bei Fälligkeit zurück zu übertragen. Vgl. Käufer, A., (Übertragung finanzieller Vermögenswerte 2008), S. 47

[88] Vgl. Krumnow, J., (Rechnungslegung 2004), S. 130

[89] Zum 01.01.2012 wurde das hier beschriebene Schuldnerprinzip im Rahmen des OGAW-IV-Umsetzungsgesetzes durch das sog. Zahlstellenprinzip abgelöst. Einbehalt und Abführung der Kapitalertragsteuer werden nun gemäß § 44 Abs. 1 S. 4 Nr. 3 EStG von der depotführenden Bank vorgenommen. Diese Änderung wird im weiteren Verlauf der Arbeit noch von Bedeutung sein und näher erläutert werden. Vgl. Dutt, V., Spengel, H., Vay, H., (Dividendenstripping durch Cum/Ex- und Cum/Cum-Geschäfte 2018), S. 231

[90] Vgl. Knigge, D., Wittig, P., (Die zivil-, steuer-, und strafrechtlichen Dimensionen von Cum/Ex- und Cum/Cum-Geschäften 2019), S. 41

[91] Vgl. Dutt, V., Spengel, H., Vay, H., (Dividendenstripping durch Cum/Ex- und Cum/Cum-Geschäfte 2018), S. 234

Im Anschluss an die Erstattung wurden die Aktien nun wieder auf den Verleiher A rückübertragen. Durch die Nutzung dieser Transaktion und der Transformation des steuerpflichtigen Dividendenertrags in eine steuerfreie Wertpapierleihgebühr wurde der Steuerausländer A (ökonomisch betrachtet) wie ein Steuerinländer gestellt. Der Entleiher erhielt für seine Mithilfe im Anschluss häufig eine niedrige prozentuale Beteiligung an der Ersparnis des Verleihers, die aber deutlich unter der eigentlich zu zahlenden Steuer lag.[92] Dem Finanzamt sind durch die Cum-Cum-Geschäfte vermutlich hohe Steuereinnahmen entgangen, Schätzungen reichen von 5 Mrd. Euro[93] bis 25 Mrd. Euro[94].

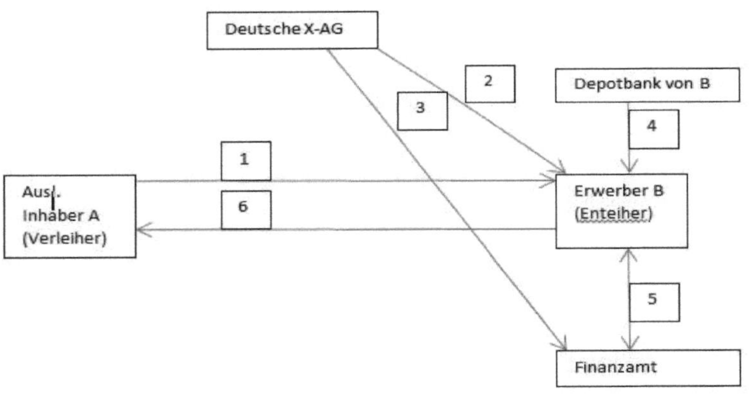

Abbildung 1: Schema zum Ablauf eines Cum-Cum-Geschäfts mit Wertpapierleihe

Erläuterung der einzelnen Schritte:

1) Die Aktie der deutschen X-AG wird mit Dividendenanspruch vor dem Dividendenstichtag von Steuerausländer A auf Steuerinländer B per Wertpapierleihe übertragen.

2) Die X-AG schüttet nach dem Dividendenstichtag eine Dividende aus. B erhält daraus allerdings nur die Nettodividenden.

---

[92] Vgl. Knobloch, A., (Steuerinduzierte Cum-ex- und Cum-cum-Geschäfte 2016), S. 695

[93] Vgl. Dutt, V., Spengel, H., Vay, H., (Dividendenstripping durch Cum/Ex- und Cum/Cum-Geschäfte 2018), S. 236

[94] Vgl. Scheidt, S., (Zum Verständnis von „cum/ex" 2019), S. 26

3) Denn bei Ausschüttung der Dividendenzahlung nahm die X-AG den Steuereinbehalt von der Bruttodividende vor und führte die Kapitalertragsteuer an das Finanzamt ab.

4) Über diese abgeführte Steuer erhält B nun von seiner Depotbank eine Bescheinigung.

5) Diese Bescheinigung legt B bei seinem Finanzamt vor zur Anrechnung/Erstattung der Kapitalertragsteuer, das Finanzamt rechnet daraufhin die abgeführte Kapitalertragsteuer an und führt ggf. eine Erstattung durch.

6) Nach Erstattung der Steuer wird die Wertpapierleihe beendet, die Aktien werden von B an A zurückübertragen, zudem zahlt B dem A eine Wertpapierleihgebühr. Die Höhe dieser Leihgebühr entspricht i.d.R. nahezu der kompletten Bruttodividende, B behält meistens einen niedrigen/mittleren einstelligen Prozentsatz der Bruttodividende.

3.2.2 Cum-Ex-Geschäfte

Cum-Ex-Geschäfte unterscheiden sich von den eben beschriebenen Cum-Cum-Geschäften anhand des Ziels und der Komplexität. Ging es bei den Cum-Cum-Geschäften um eine Vermeidung einer eigentlich vorgesehenen Besteuerung,[95] gehen die Cum-Ex-Geschäfte darüber hinaus, wie im weiteren Verlauf gezeigt wird. Bei der modellhaften Beschreibung beschränkt sich diese Arbeit der Nachvollziehbarkeit wegen auf die Grundform mit drei Teilnehmern. Bei Cum-Ex-Geschäften werden Aktien mit (cum) Dividendenanspruch in zeitlicher Nähe zum Dividendenstichtag erworben, die Lieferung erfolgt aber erst nach dem Stichtag und folglich ohne (ex) Dividendenanspruch.[96]

Auch hier lässt sich modellhaft ein häufig genutztes Muster beschreiben: Aktieninhaber A ist ein in Deutschland ansässiger, unbeschränkt Steuerpflichtiger und hält Aktien an der deutschen X-AG. Die X-AG beschließt am Dividendenstichtag die Ausschüttung einer Dividende und schüttet die Nettodividende an Inhaber A aus, zugleich behält sie die Differenz zur

---

[95] Vgl. Knobloch, A., (Steuerinduzierte Cum-ex- und Cum-cum-Geschäfte 2016), S. 695

[96] Verpflichtungsgeschäft und Erfüllungsgeschäft fallen somit zeitlich auseinander. Vgl. Dutt, V., Spengel, H., Vay, H., (Dividendenstripping durch Cum/Ex- und Cum/Cum-Geschäfte 2018), S. 230

Bruttodividende ein und führt diese ans Finanzamt ab.[97] A hat nun die Möglichkeit, sich von seiner depotführenden Bank eine Bescheinigung über die gezahlte und abgeführte Kapitalertragsteuer ausstellen zu lassen und diese dem Finanzamt zur Anrechnung vorzulegen.[98] Soweit ist dieser Vorgang nichts Ungewöhnliches und sozusagen der Normalfall bei der Anrechnung von Kapitalerträgen.

Parallel bzw. vor diesem Vorgang findet allerdings ein sog. „ungedeckter Leerverkauf" statt. Ein ungedeckter Leerverkauf beschreibt eine gängige Praxis im Wertpapiergeschäft bzw. Aktienhandel, bei dem ein Leerverkäufer an einen Leerkäufer Aktien zur späteren Lieferung verkauft, die er bei Abschluss des Verpflichtungsgeschäft noch gar nicht besitzt und sich von einem Dritten beschaffen muss.[99]

Vor dem Dividendenstichtag vereinbart der Leerverkäufer LV mit dem Leerkäufer LK den Verkauf von Aktien der X-AG zum aktuell gültigen Kurswert mit (cum) Dividendenanspruch und erhält dafür von LK den entsprechenden Kaufpreis. Die Lieferung der Aktien soll aber erst nach dem Stichtag erfolgen, mithin kann dies nur ohne (ex) Dividendenanspruch erfolgen.[100] An diesem Punkt kommt erneut der o.g. genannte Inhaber A ins Spiel. Er ist der Dritte von dem der LV die Aktien nach dem Stichtag erwirbt, um seiner Lieferverpflichtung an LK nachkommen zu können. Der Kurs der Aktie ist zu diesem Zeitpunkt bereits um den Dividendenabschlag korrigiert, sodass LV sich die Aktien von A zu einem niedrigeren Kurs beschafft, als LK ihm im Vorfeld gezahlt hatte. Um diesen wirtschaftlichen Verlust des LK auszugleichen, zahlt[101] der LV eine Dividendenkompensationszahlung in Höhe der Nettodividende.[102] Bis 2007 unterlag diese Zahlung keiner Besteuerung, erst mit Einführung des

---

[97] Wie bereits unter 3.2.1) beschrieben unterlag dieses Schuldnerprinzip zum 01.01.2012 einer Änderung zum Zahlstellenprinzip.

[98] Vgl. Dutt, V., Spengel, H., Vay, H., (Dividendenstripping durch Cum/Ex- und Cum/Cum-Geschäfte 2018), S. 230

[99] Vgl. Klingenbrunnen, D., (Produktverbote 2018), S. 101

[100] Vgl. Dutt, V., Spengel, H., Vay, H., (Dividendenstripping durch Cum/Ex- und Cum/Cum-Geschäfte 2018), S. 230

[101] Die Zahlung erfolgt im Rahmen der Dividendenregulierung über Verrechnungen unter den depotführenden Banken und Einschaltung von Clearstream. Vgl. Scheidt, S., (Zum Verständnis von „cum/ex" 2019), S. 29

[102] Vgl. Florstedt, T., (Wirtschaftliches Eigentum und Steuerumgehung bei Aktiengeschäften um den Dividendenstichtag 2018), S. 218

Jahressteuergesetzes 2007 ist grundsätzlich auch diese Kompensationszahlung nach § 20 Abs. 1 Nr. 1 S. 4 EStG zu besteuern, sofern die Zahlung über inländische Banken abgewickelt wird.[103] Vor 2007 bzw. danach bei der Abwicklung über ausländische Banken fand demnach keine zweite Kapitalertragsteuerabführung an das Finanzamt vor. Die Depotbank von LK registrierte lediglich eine Zahlung in Höhe der Nettodividende, konnte aber nicht erkennen, ob es sich hierbei wirklich um die originäre Dividendenzahlung oder um eine Kompensationszahlung im Zusammenhang mit einem Leerverkauf handelt.[104] Daher stellte sie dem LK eine weitere Bescheinigung zur Vorlage beim Finanzamt aus, mit der sich LK die Differenz von erhaltener Kompensationszahlung und Bruttodividende anrechnen lassen konnte.[105] Im Ergebnis wurde somit für eine einmalig von Aktieninhaber A gezahlte Kapitalertragsteuer zweimal (sowohl durch A als auch durch LK) eine Bescheinigung nach § 45a EStG ausgestellt und dem Finanzamt zur Anrechnung/Erstattung vorgelegt, das dann die Anrechnung/Erstattung zweimal vornahm.[106]

Ökonomischer „Gewinner" dieser Gestaltung ist der Leerverkäufer LV, da er einen höheren Kurswert beim Verkauf der Aktien an LK erhalten hat, als er beim Beschaffen von A zu zahlen hatte und als Kompensationszahlung an LK nur die Nettodividende aufbringen musste.[107] Häufig wurden diese Geschäfte unter den Beteiligten außerhalb der Börse als OTC-Geschäfte abgewickelt und der entstandene „Gewinn" nach erfolgreicher Durchführung unter den Beteiligten aufgeteilt.[108] Auch bei den Cum-Ex-Geschäften gibt es unterschiedliche Schätzungen bzgl. der entgangenen Steuereinnahmen, von bis zu 8 Milliarden Euro ist in der Literatur lesen.[109]

---

[103] Auf diese Neuerung und ihre Auswirkungen wird unter Kapitel 5) noch weiter eingegangen. Nur inländische Banken sind zum Einbehalt und zur Abführung der Kapitalertragsteuer auf Dividendenkompensationszahlungen verpflichtet. Vgl. Scheidt, S., (Zum Verständnis von „cum/ex" 2019), S. 29

[104] Vgl. Scheidt, S., (Zum Verständnis von „cum/ex" 2019), S. 29

[105] Vgl. Knobloch, A., (Steuerinduzierte Cum-ex- und Cum-cum-Geschäfte 2016), S. 693

[106] Vgl. Florstedt, T., (Wirtschaftliches Eigentum und Steuerumgehung bei Aktiengeschäften um den Dividendenstichtag 2018), S. 218

[107] LKs „Bilanz" wurde durch die Erstattung der Steuer ausgeglichen, sodass er mit der Dividendenkompensationszahlung im Ergebnis wie A gestellt ist.

[108] Vgl. Külz, P., Valder, M., („Cum-Ex"-Deals 2016), S. 14

[109] Vgl. Kaul, I., (Interview mit Prof. Spengel 2017) [Zugriff am 18.06.2019]

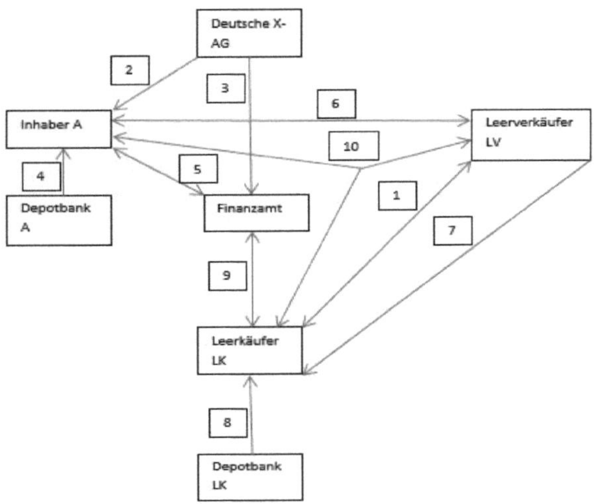

Abbildung 2: Schema zum Ablauf eines Cum-Ex-Geschäfts mit Leerverkauf

Erläuterung der einzelnen Schritte:

1) Leerverkäufer LV und Leerkäufer LK vereinbaren vor dem Dividendenstichtag der X-AG einen Leerverkauf über die Lieferung von Aktien der X-AG mit Dividendenanspruch. Die Lieferung soll allerdings erst nach dem Dividendenstichtag erfolgen. LK zahlt per sofort an LV den vor dem Dividendenstichtag gültigen, höheren Kurs der Aktie.

2) Am Dividendenstichtag zahlt die X-AG die Nettodividende an den Aktieninhaber A aus.

3) Bei Ausschüttung der Dividende hat die X-AG die fällige Kapitalertragsteuer auf die Bruttodividende einbehalten und an das Finanzamt abgeführt.

4) A erhält von seiner Depotbank eine Bescheinigung über die abgeführte Kapitalertragsteuer.

5) Die Bescheinigung wird von A bei seinem Finanzamt vorgelegt, die gezahlte Kapitalertragsteuer angerechnet bzw. erstattet.

6) LV muss nun, nach dem Dividendenstichtag, seiner Lieferverpflichtung LK gegenüber nachkommen. Dazu beschafft er sich von A die nötigen Aktien.

7) LV liefert an LK die Aktien. Da die Aktien allerdings nur ohne Dividendenanspruch geliefert werden können, zahlt LV an LK eine Dividendenkompensationszahlung in Höhe der Nettodividende. Eine separate Abführung on Kapitalertragsteuer findet nicht statt.

8) Die Depotbank von LK hat den Eingang einer Zahlung in Höhe der Nettodividende festgestellt. Daraufhin stellt sie LK eine Bescheinigung aus, allerdings ohne dass ein zweites Mal eine Steuerzahlung an das Finanzamt geleistet wurde.

9) LK legt die Steuerbescheinigung zur Anrechnung/Erstattung der (vermeintlich) gezahlten Kapitalertragsteuer vor.

10)   Nachdem LK die (nicht gezahlte) Kapitalertragsteuer zurückerhalten hat, wird in der Regel dieser „Gewinn" unter den Beteiligten aufgeteilt.

4 Steuerrechtliche Würdigung

Nachdem der Leser die o.g. Modelle zur Kenntnis genommen und nachvollzogen hat, soll in diesem Kapitel geprüft werden, ob sich bei den Modellen um legale Erstattungen handelt oder ob hier Missbrauch betrieben wurde. Wurden ggf. Gesetzeslücken genutzt, um wie im Fall der Cum-Ex-Geschäfte einmal gezahlte Steuer mehrfach erstattet zu bekommen? Im Folgenden sollen die Modelle anhand fundierten Expertenmeinungen und richtungsweisender Urteile betrachtet werden.

Grundsätzlich lässt sich festhalten, dass es für die Anrechnung der Kapitalertragsteuer auf die Einkommens- bzw. Körperschaftssteuer eines unbeschränkt Steuerpflichtigen Voraussetzungen gibt, die an beide Modelle angelegt werden können. So muss die Dividendenzahlung dem Steuerpflichtigen steuerlich gemäß § 20 Abs. 1 Nr. 1 EStG i.V.m. § 20 Abs. 5 EStG und §39 AO zuzurechnen sein. [110] Weiterhin muss die Kapitalertragsteuer nach § 36 Abs. 2 Nr. 2 EStG erhoben worden sein und der Steuerpflichtige muss seinem Veranlagungsfinanzamt darüber eine Steuerbescheinigung im Original vorgelegt haben (§ 36 Abs. 2 Nr. 2 EStG).[111][112]

Neben der Frage der Zurechnung lassen sich die beschriebenen Transaktionen auch unter dem Blickwinkel der Steuerumgehung bzw. Steuerhinterziehung betrachten, als einschlägige allgemeine Missbrauchsvorschrift im deutschen Steuerrecht sei in diesem Zusammenhang der § 42 AO genannt, der bei allen Steuerarten Anwendung findet.[113]

4.1 Zurechnungsproblematik

Ausgangspunkt bei diesen Überlegungen ist die Frage, wem die Erträge aus den Aktien steuerrechtlich zuzurechnen sind. Wie bereits beschrieben, ist die erhobene Kapitalertragsteuer beim Gläubiger der Kapitalerträge (d.h. dem Aktionär) auf die Einkommens- bzw. Körperschaftssteuer anrechenbar. Nach § 39

---

[110] Kernfrage: zivilrechtliches oder wirtschaftliches Eigentum vorliegend? Wird im späteren Verlauf näher erläutert, da es für die Gestaltungsmodelle und deren rechtliche Beurteilung eine entscheidende Rolle spielt.

[111] Vgl. Knigge, D., Wittig, P., (Die zivil-, steuer-, und strafrechtlichen Dimensionen von Cum/Ex- und Cum/Cum-Geschäften 2019), S. 41

[112] Vgl. Deutscher Bundestag, (BT-Drucksache 18/12700 2017), S. 79

[113] Vgl. Hermenns, H., Münch, L., (Anzeigepflicht für Steuergestaltungen 2018), S. 44

Abs. 1 AO erfolgt die Zurechnung nach den zivilrechtlichen Eigentumsnormen des BGB, d.h. der zivilrechtliche Eigentümer der Aktien ist dementsprechend zur Anrechnung berechtigt.[114] Das Steuerrecht akzeptiert in diesem Fall die Zurechnungsart des BGB.

Allerdings kann dieses Prinzip auch durchbrochen werden, denn in § 39 Abs. 2 Nr. 1 AO wird das Prinzip des „wirtschaftlichen Eigentums" eingeführt. Dies geschieht im Rahmen der „wirtschaftlichen Betrachtungsweise", die eine Form der teleologischen Gesetzesauslegung[115] ist und dazu dient, Sachverhalte/Rechtsgeschäfte nach ihrer tatsächlichen wirtschaftlichen Substanz zu beurteilen.[116] Im Rahmen dieser Auslegung können sich Konstellationen ergeben, bei denen statt dem zivilrechtlichen Eigentümer, der wirtschaftliche Eigentümer anrechnungsberechtigt ist, zivilrechtliches und wirtschaftliches Eigentum können demnach auseinanderfallen. Das wirtschaftliche Eigentum an einem Wirtschaftsgut wird dabei nicht über positive Befugnisse des (zivilrechtlichen) Eigentümers definiert, sondern als Ausschließungsmacht, bei der der wirtschaftliche Eigentümer andere[117] von jeder Einwirkung ausschließen kann i.S.d. § 903 BGB (sog. Seeliger-Formel).[118]

Für die Zurechnung von Wertpapieren wurde das Konzept der Seeliger-Formel von der Rechtsprechung im Laufe der Zeit allerdings immer weiter fortentwickelt, sodass sich hier weitere Zurechnungsmerkmale ergeben haben. Ein wichtiges Urteil, das auch häufig zur Legitimation des Dividendenstrippings herangezogen wird, wurde am 15. Dezember 1999 vom Bundesfinanzhof gefällt.[119] Der BFH bejahte in seiner Entscheidung den Übergang des wirtschaftlichen Eigentums auf den Käufer bereits ab dem Zeitpunkt, zu dem das schuldrechtliche Verpflichtungsgeschäft börslich abgeschlossen wurde.[120] Der BFH stellte fest, dass

---

[114] Vgl. Florstedt, T., (Wirtschaftliches Eigentum und Steuerumgehung bei Aktiengeschäften um den Dividendenstichtag 2018), S. 220

[115] Bei der teleologischen Gesetzesauslegung werden die Gesetzesnormen danach ausgelegt, was ihr Sinn und Zweck ist bzw. erreicht werden soll. Vgl. Rüthers, B., Fischer, C., Birk, A., (Rechtstheorie 2018), S. 717

[116] Vgl. Larenz, K., Canaris, C., (Methodenlehre 2013), S. 149

[117] Insbesondere den zivilrechtlichen Eigentümer.

[118] Dieses Konzept geht zurück auf Gerhard Seeliger und wird daher auch „Seeliger-Formel" genannt. Vgl. Kolbinger, K., (Das wirtschaftliche Eigentum an Aktien 2008), S. 27

[119] BFH v. 15.12.1999, I R 29/97, BStBl. II 2000, 527

[120] Vgl. Dutt, V., Spengel, H., Vay, H., (Dividendenstripping durch Cum/Ex- und Cum/Cum-Geschäfte 2018), S. 234

der Übergang des wirtschaftlichen Eigentums in dem Moment geschieht, *„von dem ab er nach dem Willen der Vertragspartner über die Wertpapiere verfügen kann".*[121] Der BFH nannte im Weiteren Indizien, anhand derer dies zu beurteilen sei, bezog sich hier allerdings nicht auf Ausschließungsmerkmale, sondern benannte positive Befugnisarten wie den Übergang des Besitzes, der Gefahren, der Nutzungen und Lasten (hier insbesondere die mit Wertpapieren verbundenen Kursrisiken und –chancen), darunter auch der Anspruch auf Dividendenzahlung.[122]

4.1.1 Zurechnungsproblematik bei Cum-Cum-Geschäften

Für die Cum-Cum-Geschäfte würde dies die Schlussfolgerung nahelegen, dass das genutzte Modell durchaus konform mit der Rechtsprechung ist, da zwar nicht Cum-Cum-Geschäfte per se verhandelt wurden, aber doch eine Klarstellung zum Übergang des wirtschaftlichen Eigentums in einem ähnlichen Fall geschaffen wurde, was wiederum auf Cum-Cum-Konstellationen angewandt werden könnte.[123] Zudem wurden auch Fälle verhandelt, die sich mit der Frage beschäftigten, ob bei OTC-Geschäften der Übergang des wirtschaftlichen Eigentums bereits bei Abschluss des schuldrechtlichen Geschäfts stattfindet. Dies wurde u.a. vom BFH in seinem Urteil vom 14. April 2014 generell bejaht.[124]

War der Entleiher also nun wirtschaftlicher Eigentümer und damit zur Anrechnung der Steuer berechtigt? Ein zentrales Urteil für die hier beschriebene Variante der Cum-Cum-Geschäfte mit Wertpapierleihe ist sicherlich das Urteil des BFH vom 18. August 2015.[125] Hier wurde speziell die Frage behandelt, ob das wirtschaftliche Eigentum vom Verleiher auf den Entleiher übergeht und dieser damit zur Anrechnung der gezahlten Kapitalertragsteuer berechtigt sei. Der BFH entschied, dass, obwohl das zivilrechtliche Eigentum bei einer Wertpapierleihe auch auf den Entleiher übergeht, das wirtschaftliche Eigentum beim Verleiher verbleiben würde, wenn die Würdigung der Gesamtumstände ergebe, dass dem

---

121 Vgl. Florstedt, T., (Wirtschaftliches Eigentum und Steuerumgehung bei Aktiengeschäften um den Dividendenstichtag 2018), S. 220

122 Vgl. Scheidt, S., (Zum Verständnis von „cum/ex" 2019), S. 29

123 Vgl. Knigge, D., Wittig, P., (Die zivil-, steuer-, und strafrechtlichen Dimensionen von Cum/Ex- und Cum/Cum-Geschäften 2019), S. 42

124 Im vorliegenden, verhandelten Fall wurde dies jedoch verneint. BFH v. 16.04.2014, I R 2/12, BFH/NV 2014, 1813

125 BFH, v. 18.08.2015, I R 88/13, BStBl. II 2016, 961

Entleiher lediglich eine formale zivilrechtliche Rechtsposition verschafft werden sollte.[126] Um zu prüfen, ob eben diese formale Rechtsposition vorliegt, wurden von der Rechtsprechung Kriterien formuliert, die an dieser Stelle zu berücksichtigen sind.[127] In Anlehnung an diese Kriterien hat das Bundesministerium für Finanzen (kurz: BMF) in einem Schreiben vom 11. November 2016 betreffend der *„wirtschaftlichen Zurechnung bei Wertpapiergeschäften"* einen Katalog aufgestellt, anhand dessen die Zurechnung des wirtschaftlichen Eigentums von Aktien geprüft werden soll. So sieht das BMF eine lediglich formale Rechtsposition vorliegen, wenn der Erwerber bzw. Entleiher die Aktien nur kurz in seinem Bestand hält,[128] eine Ausübung der Stimmrechte durch den Entleiher nicht erfolgt, eine Kündigungsmöglichkeit seitens des Verleihers vorliegt (d.h. dieser die Aktien dem Entleiher jederzeit wieder entziehen kann), die Tragung des Kursrisikos letztlich beim Verleiher verbleibt, die Erträge aus den Aktien (sprich die Dividende) durch zu leistende Kompensationszahlungen nicht endgültig beim Entleiher verbleiben und die Bemessung des Gesamtentgelt es für das Geschäft nur unter Berücksichtigung steuerlicher Vorteile für beide Seiten wirtschaftlich bleibt.[129] Für das unter Abschnitt 3.2.1 beschriebe Modell liegt somit nahe, dass das wirtschaftliche Eigentum nicht übergeht und eine Anrechnung beim Entleiher nicht rechtens ist. Für die steuerrechtliche Beurteilung in der Praxis ist allerdings prinzipiell jeder Einzelfall genau zu prüfen, um festzustellen, ob ein Übergang des wirtschaftlichen Eigentums stattgefunden hat und somit die Anrechnung auf die Körperschaftssteuer beim Entleiher rechtens ist.[130] Der Übergang des wirtschaftlichen Eigentums lässt sich nicht pauschal bejahen bzw. verneinen, daher lässt sich auch nicht pauschal sagen, dass eine Anrechnung der Kapitalertragsteuer in jedem Fall zu versagen ist.

---

[126] Vgl. Knigge, D., Wittig, P., (Die zivil-, steuer-, und strafrechtlichen Dimensionen von Cum/Ex- und Cum/Cum-Geschäften 2019), S. 43

[127] BFH, v. 18.08.2015, I R 88/13, BStBl. II 2016, 961

[128] Das BMF führt aus, dass eine kurze Haltedauer dann vorliegt, wenn der Erwerber die Aktien weniger als 45 Tage hält.

[129] Vgl. Bundesministerium für Finanzen, (BMF-Schreiben IV C 6 2016)

[130] Vgl. Dutt, V., Spengel, H., Vay, H., (Dividendenstripping durch Cum/Ex- und Cum/Cum- Geschäfte 2018), S. 234

4.1.2 Zurechnungsproblematik bei Cum-Ex-Geschäften

Auch hier stellt sich in der Essenz die Frage, wem wie Dividenden steuerrechtlich zuzuordnen sind, insbesondere ob der Leerkäufer der Aktien zur Anrechnung berechtigt ist. An dieser Stelle sei wieder auf die unter Abschnitt 4 aufgezählten Voraussetzungen zur Anrechnung der Kapitalertragsteuer verwiesen:

Der Leerverkäufer steht zum Zeitpunkt des Abschlusses des Leerverkaufs[131] in keinem Verhältnis zu dem ursprünglichen Aktieninhaber, von dem sich im Weiteren der Leerverkäufer die Aktien zur Erfüllung seiner Verpflichtung besorgen wird. Dadurch kann der Leerkäufer den Aktieninhaber auch nicht von der tatsächlichen Sachherrschaft über das Wirtschaftsgut (d.h. die Aktien) ausschließen.[132] An dieser Stelle greift erneut die bereits beschriebene Seeliger-Formel zur Beurteilung des Übergangs des wirtschaftlichen Eigentums[133], was zu dem Schluss führt, dass nur der Aktieninhaber am Dividendenstichtag sowohl zivilrechtlicher als auch wirtschaftlicher Eigentümer der Aktien ist und diese Dividenden gemäß § 20 Abs. 2a EStG ihm als wirtschaftlichen Eigentümer nach § 39 AO zuzurechnen sind.[134] Der Leerkäufer ist damit nicht als wirtschaftlicher Eigentümer anzusehen.

Weiterhin bleibt zu beurteilen, ob die vom Leerverkäufer geleistete Dividendenkompensationszahlung steuerlich durch den Leerkäufer geltend zu machen ist. Bis 2006 wurde diese Zahlung steuerlich nicht erfasst bzw. geregelt, sodass hier auch kein Steuerabzug stattfand.[135] Seit 2007 wurde sie im Rahmen des Jahressteuergesetzes per Fiktion den (Original-)Dividenden gleichgestellt (§ 20 Abs. 1 Nr. 1 S. 4 EStG), zum Einbehalt der Steuer waren allerdings nur inländische Kreditinstitute bzw. Depotbanken verpflichtet.[136] In der Theorie hätte nun die Depotbank vom Leerverkäufer statt dem Betrag der Nettodividende den Betrag der Bruttodividende einziehen und die Kapitalertragsteuer hiervon einbehalten und abführen sollen. Die Praxis zeigte aber, dass die Abwicklung der Cum-Ex-Geschäfte zu ausländischen Banken ausgelagert wurde, die

---

[131] Dem Verpflichtungsgeschäft.

[132] Vgl. Dutt, V., Spengel, H., Vay, H., (Dividendenstripping durch Cum/Ex- und Cum/Cum-Geschäfte 2018), S. 230

[133] Vgl. Kolbinger, K., (Das wirtschaftliche Eigentum an Aktien 2008), S. 27

[134] Vgl. Dutt, V., Spengel, H., Vay, H., (Dividendenstripping durch Cum/Ex- und Cum/Cum-Geschäfte 2018), S. 230

[135] Vgl. Scheidt, S., (Zum Verständnis von „cum/ex" 2019), S. 29

[136] Vgl. Knobloch, A., (Steuerinduzierte Cum-ex- und Cum-cum-Geschäfte 2016), S. 693

dementsprechend nicht zum Einbehalt der Steuer verpflichtet waren[137]. Da in diesen Fällen keine Steuer erhoben und abgeführt wurde, ist der Leerkäufer daher auch nicht zur Steueranrechnung berechtigt (§ 36 Abs. 2 Nr. 2 EStG), obwohl er eine Steuerbescheinigung seiner Bank vorlegen konnte. Zu diesen Vorgängen sind in der jüngeren Vergangenheit auch einige Urteile gefällt worden, die eben diesen Nichtanspruch auf Anrechnung bestätigen.[138]

Durch das Urteil des BFH vom 15. Dezember 1999 betreffend des möglichen frühen Übergangs des wirtschaftlichen Eigentums auf den Erwerber eines Wertpapiers sahen sich einige Befürworter der Cum-Ex-Geschäfte in ihrer Annahme bestärkt, dass es zu einer Vervielfältigung des Eigentums an einer Aktien kommen könne und somit die mehrfache Anrechnung der Kapitalertragsteuer rechtens sei.[139] Dabei wird allerdings außer Acht gelassen, dass in dem angeführten Urteile keine Aussage über die Gültigkeit mehrfach ausgestellter Steuerbescheinigungen bzw. Rechtmäßigkeit mehrfacher Steuererstattungen getroffen wurde. Zudem wird im Rückgriff auf § 39 AO deutlich, dass eine Vervielfachung des (wirtschaftlichen) Eigentums gesetzlich nicht vorgesehen ist, eine steuerliche Anrechnung also entweder beim zivilrechtlichen **oder** wirtschaftlichen Eigentümer erfolgen kann.[140]

4.2 Missbrauchsverdacht

Die Varianten des Dividendenstrippings lassen sich auch unter dem Blickwinkel des steuerlichen Missbrauchs untersuchen. Wie in Abschnitt 2.3 beschrieben, ist es an dieser Stelle wichtig, die Begriffe Steuervermeidung/Steuerumgehung/Steuerhinterziehung nicht synonym zu benutzen, da sie in der steuerrechtlichen Beurteilung jeweils verschiedene Sachverhalte beschreiben, sich in unterschiedlichen Gesetzesnormen wiederfinden und mit unterschiedlichen Rechtsfolgen belegt sind. Die beschriebenen Varianten des Dividendenstrippings sind nun dahingehend zu prüfen, ob eine Steuervermeidung, -umgehung oder –hinterziehung vorliegt.

---

[137] Vgl. Dutt, V., Spengel, H., Vay. H., (Dividendenstripping durch Cum/Ex- und Cum/Cum-Geschäfte 2018), S. 230

[138] FG Hessen v. 08.10.2012, 4 V 1661/11, EFG 2013, 47; FG Hessen v. 10.02.2016, 4 K 1684/14, EFG 2016, 761; FG Hessen v. 10.03.2017, 4 K 977/14, EFG 2017, 656

[139] Vgl. Scheidt, S., (Zum Verständnis von „cum/ex" 2019), S. 29

[140] Vgl. S Scheidt, S., (Zum Verständnis von „cum/ex" 2019), S. 29

Eine Steuervermeidung ist daran geknüpft, dass der Steuerpflichtige vermeidet steuerpflichtige Tatbestände zu erfüllen (§ 38 AO). Die beschriebenen Geschäftsmodelle laufen allesamt auf steuerpflichtige Tatbestände hinaus und werden mitunter gerade wegen der Steuerpflichtigkeit gewählt, sodass das Dividendenstripping nicht als Steuervermeidungsstrategie anzusehen ist.[141]

Denkbar wäre nun, dass die genutzten Transaktionen eine Form der Steuerumgehung darstellen. Zur Bekämpfung der Steuerumgehung kennt das deutsche Steuerrecht mit dem § 42 AO eine zentrale, allgemeine Missbrauchsnorm, die durch spezifische Sondergesetze ergänzt werden kann, um eben einen Missbrauch bzw. eine Umgehung steuerliche Regelungen zu verhindern.[142] § 42 AO greift bei offengelegten, unangemessenen Gestaltungen, bei denen keine außersteuerlichen Gründe vorliegen und die zu einem gesetzlich nicht vorgesehenen Steuervorteil führen. Der Steuervorteil[143] wird in diesen Fällen nicht gewährt. § 42 AO hat daher neben dem unbestreitbaren fiskalischen Zweck auch den Charakter einer Lenkungsnorm[144], da mit ihr regulativ nicht gewünschte Gestaltungen unterbunden werden können und sollen. Das Vorliegen außersteuerlicher Gründe hat bei der Bewertung, ob eine Gestaltung als missbräuchlich anzusehen ist, salvierende Wirkung, was bedeutet das bei Angabe maßgeblicher außersteuerliche Gründe die Wahl der Gestaltung nicht als missbräuchlich anzusehen ist.[145]

Daneben ist zu prüfen, ob die Cum-Cum- bzw. Cum-Ex-Geschäfte den Tatbestand der Steuerhinterziehung nach § 370 AO erfüllen.

---

[141] Vgl. Nosetti, C., (Die Steuerumgehung 2014), S. 153

[142] Vgl. Florstedt, T., (Wirtschaftliches Eigentum und Steuerumgehung bei Aktiengeschäften um den Dividendenstichtag 2018), S. 223

[143] Der so erreichte Steuervorteil wird bei der Anrechnung auf die Einkommens- bzw. Körperschaftsteuer vom Finanzamt nicht anerkannt.

[144] Lenkungs- oder auch Sozialzwecknormen dienen im Steuerrecht u.a. regulativ, dirigistisch oder interventionistisch und sind bspw. wirtschaftspolitisch motiviert, d.h. sollen die Steuerpflichtigen zu bestimmten Verhaltensweisen bringen. Vgl. K Tipke, K., Lang, J., (Steuerrecht 1991), S. 20

[145] Vgl. Tipke, K., Lang, J., (Steuerrecht 1991), S. 114

4.2.1 Missbrauchsverdacht bei Cum-Cum-Geschäften

Stellen Cum-Cum-Geschäfte also einen Gestaltungsmissbrauch nach § 42 AO dar? Hierfür muss je nach Einzelfall zuerst entschieden werden, ob das wirtschaftliche Eigentum übergangen ist. Bejaht man dies, so ist zu prüfen, ob ein Gestaltungsmissbrauch gemäß § 42 AO vorliegt.[146] Die Anwendung der allgemeinen Missbrauchsnorm setzt voraus, dass die genutzte Gestaltung „unangemessen" ist und zu einem „gesetzlich nicht vorgesehenen Steuervorteil" führt. Das Kriterium des gesetzlich nicht vorgesehenen Steuervorteils ist bei den Cum-Cum-Geschäften in der Anwendung kritisch zu sehen. Dem Gesetzgeber waren die genutzten Modelle teilweise seit mehreren Jahren bzw. Jahrzenten bekannt. In der Bewertung kann dies zu der Annahme führen, dass die Praxis vom Staat zumindest geduldet wurde, es daher nicht auszuschließen ist, dass der Steuervorteil gesetzlich vorgesehen bzw. akzeptiert wird.[147]

Anders verhält es sich im Punkt der Unangemessenheit, zu dem auch bereits einige Urteile gefällt wurden. Der BFH kam in seinem Urteil vom 18. August 2015 zu dem Schluss, dass ein Missbrauch dann vorliege, wenn es dem Rechtsgeschäft an einem *„wirtschaftlich vernünftigen Grund fehle"* und das Geschäft eine rein steuerinduzierte Gestaltung darstelle.[148] Das Fehlen eines wirtschaftlich vernünftigen Grunds wird explizit daran festgemacht, dass die gewählte Gestaltung sich nur durch die Steuererstattung lohnt. Die steuerinduzierte Gestaltung sei auch dann anzunehmen, wenn der Entleiher von der Ausübung der Stimmrechte ausgeschlossen bzw. eingeschränkt sei oder diese gar nicht ausüben wolle und er nicht das Risiko für Wertveränderungen der Aktie tragen müsse.[149] Exemplarisch sei hier auf die Entscheidung des Niedersächsischen Finanzgericht vom 21. November 2013 verwiesen, die bei einem Cum-Cum-Geschäft mit

---

[146] Historisch betrachtet waren und sind Cum-Cum-Geschäfte bzw. Steuerarbitrage bereits länger bekannt. Zwischen 1977-1979 wurden sie generell als Gestaltungsmissbrauch nach § 42 AO eingestuft. Ab 1980 wurde die Anwendung von § 42 AO durch die Einführung der Spezialnorm § 50c EStG gesperrt, durch diese sog. „Börsenklausel" waren Cum-Cum-Geschäfte, die formal über die Börse (bspw. in hohen Tranchen etc.) abgewickelt wurden, legal. Durch die Streichung des § 50 c EStG im Jahr 2001 ist die allgemeine Missbrauchsnorm § 42 AO wieder anwendbar und muss daher geprüft werden. Vgl. Spengel, C., (Dringender Handlungsbedarf bei Cum/Cum-Geschäften 2016), S. 2988 ff.

[147] Vgl. Florstedt, T., (Wirtschaftliches Eigentum und Steuerumgehung bei Aktiengeschäften um den Dividendenstichtag 2018), S. 224

[148] BFH, v. 18.08.2015, I R 88/13, BStBl. II 2016, 961

[149] Vgl. Knigge, D., Wittig, P., (Die zivil-, steuer-, und strafrechtlichen Dimensionen von Cum/Ex- und Cum/Cum-Geschäften 2019), S. 43

Wertpapierleihe eine missbräuchliche Gestaltung vorliegen sahen, wenn das Geschäft ohne die Inanspruchnahme des Steuervorteils zu einem wirtschaftlichen Gesamtverlust führen würde.[150] Ein Scheingeschäft i.S.d. § 41 AO liegt bei Cum-Cum Geschäften n.h.M. nicht vor.[151] Durch die Wertungsoffenheit des Tatbestandmerkmals der Unangemessenheit ist das Vorliegen eines Gestaltungsmissbrauch i.S.d. §42 AO jeweils einzelfallbezogen zu prüfen, durch die bisher ergangenen Urteile des BFH liegt bei den Cum-Cum-Geschäften jedoch zumindest die Vermutung nahe, dass diese in der Gestaltung als unangemessen zu charakterisieren sind.[152] In den meisten Fällen lagen zudem keine außersteuerlichen Gründe für die Gestaltung vor, so hat der Entleiher die Aktien nicht zur Stimmrechtsausübung entliehen oder die Wertpapierleihe zur Zwischenfinanzierung genutzt. Daher ist häufig von einem rein steuerinduzierten Motiv auszugehen.[153]

Zudem können die Cum-Cum-Geschäfte den Tatbestand der Steuerhinterziehung nach § 370 AO erfüllen, wenn der Entleiher bei der Beantragung der Steueranrechnung gegenüber dem Finanzamt lediglich erklärt hat, dass er eine Dividende vereinnahmt hat ohne dabei die Begleitumstände (d.h. die im Hintergrund stehende Wertpapierleihe mit einem nichtanrechnungsberechtigten Steuerpflichtigen) zu erklären.[154] Damit hätte er das Finanzamt über steuerlich erhebliche Umstände im Unklaren gelassen, was einen objektiven Tatbestand des § 370 erfüllt. Im Anschluss wäre nun einzelfallbezogen zu prüfen, ob auch der zwingend nötige Vorsatz vorliegt, um beurteilen zu können ob eine Steuerhinterziehung i.S.d. § 370 AO vorliegt. Die hohe Anzahl an Ermittlungsverfahren lässt zumindest die Vermutung zu, dass bei einem Großteil der durchgeführten Geschäfte ein Vorsatz vorliegen könnte.[155]

---

150 FG Niedersachsen v. 21.11.2013, 6 K 366/12, EFG 2014, 494

151 BFH v. 08.03.2017, IX R 5/16, BStBl. II 2017, 930

152 Vgl. Hermenns, H., Münch, L., (Anzeigepflicht für Steuergestaltungen 2018), S. 48

153 Vgl. Florstedt, T., (Wirtschaftliches Eigentum und Steuerumgehung bei Aktiengeschäften um den Dividendenstichtag 2018), S. 226

154 Vgl. Spengel, C., (Sachverständigengutachten nach § 28 PUAG für den 4. Untersuchungsausschuss der 18. Wahlperiode 2016), S. 57 [Zugriff am 18.06.2019]

155 Vgl. u.a. o.V., FAZ Online (Staatsanwälte ermitteln wegen Steuertricks gegen Banken 2016), [Zugriff am 18.06.2019]

4.2.2 Missbrauchsverdacht bei Cum-Ex-Geschäften

Neben der Verneinung des Übergangs des wirtschaftlichen Eigentums bei Cum-Ex-Geschäften lässt sich die Frage stellen, ob diese Geschäfte ebenfalls einen Missbrauch steuerlicher Gesetzgebung darstellen. In der Literatur und der Rechtsprechung wird die Anwendung des § 42 AO auf die Cum-Ex-Geschäfte kritisch gesehen bzw. offengelassen. In der Rechtspraxis werden die Cum-Ex-Geschäfte daher i.d.R. unter dem Gesichtspunkt der Zurechnung betrachtet und ggf. als nicht anrechnungsberechtigt angesehen. In seiner ersten Entscheidung zu den spezifischen Cum-Ex-Geschäften führte der BFH den Begriff des „Gesamtvertragkonzepts"[156] ein, der an die missbrauchsrechtliche Figur des „Gesamtplans" anknüpft.[157] Dabei wurden durch zurechnungsbestimmende Attribute wie z.B. „initiiert" und „modellhaft" Missbrauchskriterien auf den Begriff des „wirtschaftlichen Eigentums" abgeleitet, sodass in dieser Entscheidung nicht von einer Prüfung nach § 42 AO auszugehen ist. Dementsprechend war auch von einem „bloßen Durchgangserwerb" die Rede, die dem Erwerb von wirtschaftlichem Eigentum von Vornherein entgegenstand und im Mittelpunkt des Urteils stand.[158]

Unter dem Anfangsverdacht der Steuerhinterziehung nach § 370 AO sind weiterhin zu den Cum-Ex-Geschäften zahlreiche Verfahren anhängig. Bei der Beantragung der Erstattung wurde von den Leerkäufern gegenüber dem Bundeszentralamt für Steuern bzw. Finanzamt die Erklärung abgegeben: *„Ich beantrage, die für die Erträge des im Einzelnen auf der Rückseite des Antragsvordrucks unter Ziffer VII. bezeichneten Kapitalvermögens abgeführten Steuern in der Spalte g) angegebenen Höhe zu erstatten."*[159] Da die Kapitalertragsteuer aber tatsächlich nur einmalig vom ursprünglichen Aktieninhaber abgeführt wurde, ist davon auszugehen, dass den Finanzbehörden

---

[156] BFH v. 16.04.2014, I R 2/12, BFH/NV 2014, 1813

[157] Ein Gesamtplan beschreibt im Steuerrecht die Zusammenfügung von einzelnen Teilschritten durch einen/mehrere Steuerpflichtige(n) um ein übergeordnetes, steuerliches Gesamtziel zu erreichen. Ein Gesamtziel liegt vor, wenn sich einzelne Übertragungsschritte aus vertraglichen Vereinbarungen oder Absprachen ergeben. Daneben werden die zeitlichen und wirtschaftlichen/sachlichen Teilschritte in Zusammenhang zueinander gesetzt. Vgl. Brinkmann, L., (Teilentgeltliche Unternehmensnachfolge im Mittelstand 2005), S. 31

[158] Vgl. Florstedt, T., (Wirtschaftliches Eigentum und Steuerumgehung bei Aktiengeschäften um den Dividendenstichtag 2018), S. 218

[159] Vgl. o.V. (Antrag auf Erstattung der deutschen Abzugsteuern auf Kapitalerträge) [Zugriff am 18.06.2019]

unrichtige Angaben über steuerlich erhebliche Tatsachen gemacht wurden und somit das Tatbestandmerkmal von § 370 AO erfüllt ist.[160] Hierzu ist bereits ein Eventualvorsatz ausreichend, d.h. der Erklärende sich mit der Möglichkeit der Steuerhinterziehung abfindet.[161] Auch hier lässt sich aufgrund der Anzahl an eröffneten Ermittlungsverfahren die Vermutung aufstellen, dass der Anfangsverdacht einer Steuerhinterziehung in vielen Fällen gegeben ist.[162]

4.3 Zwischenergebnis

An dieser Stelle sollen nun die bisher gewonnenen Erkenntnisse bzgl. der steuerrechtlichen Würdigung beider Modelle zusammengetragen werden.

Es lässt sich festhalten, dass die Cum-Cum-Geschäfte mit Wertpapierleihe jeweils im konkreten Einzelfall bezüglich des Übergangs des wirtschaftlichen Eigentums nach § 39 AO geprüft werden müssen. Wird der Übergang des wirtschaftlichen Eigentums (auf den Entleiher) bejaht, so ist zu prüfen ob dem Geschäft ein Gestaltungsmissbrauch i.S.v. § 42 AO zugrunde liegt. Einige Gerichtsurteile[163] legen den Schluss nahe, dass die Cum-Cum-Geschäfte mit Wertpapierleihe eine unangemessene Gestaltung darstellen und daher als missbräuchlich einzuordnen sind. Zudem könnten einzelne Gestaltungen als Steuerhinterziehung i.S.v. § 370 AO betrachtet werden.

Die Cum-Ex-Geschäfte stellen sich dergestalt dar, dass der Leerkäufer zu keiner Zeit wirtschaftliches Eigentum vor dem Dividendenstichtag an den Aktien erlangte. Zu keiner Zeit war es gesetzlich vorgesehen, dass das wirtschaftliche Eigentum sich vervielfachen könne und somit mehrfache Steueranrechnungen rechtens gewesen wären. Die Cum-Ex-Geschäfte sind tendenziell nicht als Steuerumgehung i.S.d. § 42 AO zu betrachten, eher ist von einer Steuerhinterziehung nach § 370 AO auszugehen.

---

[160] Vgl. Tipke, K., Lang, J., (Steuerrecht 1991), S. 775

[161] Vgl. Dutt, V., Spengel, H., Vay, H., (Dividendenstripping durch Cum/Ex- und Cum/Cum-Geschäfte 2018), S. 232

[162] o.V., Legal Tribune Online, (Cum-Ex-Steuerdeals – Erste Anklage 2019), [Zugriff am 18.06.2019]

[163] Bereits angeführte Urteile: FG Hessen v. 10.02.2016, 4 K 1684/14, EFG 2016, 761, FG Niedersachsen v. 21.11.2013, 6 K 366/12, EFG 2014, 494, BFH, v. 18.08.2015, I R 88/13, BStBl. II 2016, 961

5 Reaktionen des Gesetzgebers

Das Phänomen des Dividendenstrippings ist historisch gesehen keine neue Entwicklung. Schon Ende der 1970er-Jahre wurde durch die Finanzverwaltung in einem Ländererlass die Auffassung vertreten, dass bei Geschäften, die die wirtschaftliche Geltendmachung der Steueranrechnung durch einen Nichtanrechnungsberechtigten mithilfe eines Anrechnungsberechtigten zum Ziel hatten, ein Gestaltungsmissbrauch i.S.d. § 42 AO vorliege.[164] Bereits damals legte der Bundesverband deutscher Banken (kurz BdB) seinen Mitgliedern nahe, sich nicht an diesen Geschäften zu beteiligen, da ggf. beteiligte Kreditinstitute für unrichtig ausgestellte Steuerbescheinigungen haften zu hätten.[165] Auch dem Gesetzgeber sind diese Vorgänge nicht verborgen geblieben, sodass im Lauf der Jahre Anpassungen in der Gesetzgebung vorgenommen wurden, um Klarheit die Gestaltungen zu schaffen, bspw. die Einführung der Spezialnorm § 50 c EStG, die bis 2001 gültig war.

In diesem Kapitel nun sollen die Entwicklungen und Reaktionen des Gesetzgebers in Bezug auf die häufig genutzten Formen des Dividendenstrippings der frühen 2000er-Jahre bis heute (also die Cum-Cum- und Cum-Ex-Geschäfte) untersucht werden.

5.1 Zur Verhinderung der Cum-Geschäfte

Als „Startschuss" zur Nutzung der beschriebenen Modelle wird häufig das Urteil des BFH vom 15.12.1999 angesehen. Dieses Urteil diente im weiteren Verlauf als Legitimation für die Rechtmäßigkeit der genutzten Modelle, die umstrittene Praxis wurde teilweise sogar mit Gutachten großer Anwaltskanzleien abgesichert.[166] Als erste Gegenmaßnahme wurde vom BMF ein sog. „Nichtanwendungserlass" auf den Weg gebracht, der die allgemeine Anwendung

---

164 Diese Geschäfte finden ein vergleichbares Gegenstück in den hier behandelten Cum-Cum-Geschäften. Vgl. Unfried, A., (Steuerrecht und Dividenden-Stripping 1998), S. 1

165 Vgl. Müller, M., Zeit Online (Späte Rechnung für Stripper 1994) [Zugriff am 18.06.2019]

166 Als Erfinder der Cum-Ex-Geschäfte gilt gemeinhin der ehemalige Finanzbeamte und spätere Berater und Steuerrechtsanwalt Hanno Berger. Während seine Zeit beim Finanzamt war Berger für die Steuer-Prüfung bei Banken verantwortlich, nach seinem Ausscheiden aus dem Beamtenverhältnis beriet er u.a. Banken im Hinblick auf die Cum-Ex-Geschäfte. Vgl. o.V., (Meinung zu Cum/Ex war wissenschaftlich fundiert) [Zugriff am 18.06.2019]

des gefällten Urteils verhindern und auf den entschiedenen, speziellen Einzelfall begrenzen sollte[167], die Modelle wurde jedoch weiterhin genutzt.

Im Jahr 2002 ließ der BdB dem BMF ein Schreiben zukommen, in dem explizit auf problematische Praktiken in Bezug auf den Aktienhandel um den Dividendenstichtag und damit verbundene mehrfache Anrechnung bzw. Erstattung einmalig gezahlter Kapitalertragsteuer hingewiesen wurde.[168] In diesem Schreiben vertrat der Absender allerdings die nicht haltbare Position, dass es bei Cum-Ex-Geschäften zu einer Vervielfachung des wirtschaftlichen Eigentums komme.[169] Somit waren die Cum-Ex-Geschäfte dem BMF spätestens ab diesem Zeitpunkt in den Grundzügen bekannt. Eine Reaktion des Gesetzgebers erfolgte allerdings vorerst nicht, erst mit dem Jahressteuergesetz (JStG) 2007[170] wurde ein erster Versuch unternommen, die mehrfache Steueranrechnung zu unterbinden.[171]

---

[167] Ein Nichtanwendungserlass wird vom BMF durch ein BMF-Schreiben im Teil I des Bundessteuerblatts veröffentlicht. Durch ihn soll das in einem finanzgerichtlichen Verfahren ergangene Urteil nur auf die Verfahrensbeteiligten bzw. deren Rechtsnachfolger angewandt werden können (gemäß § 101 Abs. 1 Finanzgerichtsordnung (FGO)). Nachdem ein solches Urteil ergangen ist, prüfen die obersten Finanzbehörden des Bundes und der Länder ob das Urteil von den Finanzämtern im Interesse der Rechtssicherheit und dem Grundsatz der Gleichmäßigkeit der Besteuerung über den entschiedenen Einzelfall hinaus Anwendung finden soll. Nichtanwendungserlassen können sowohl zum Vor- als auch Nachteil eines Steuerpflichtigen erlassen und angewandt werden. Der Nichtanwendungserlass des BMF vom 06.10.2000 im Wortlaut: *„Schließlich wird in dem Urteil in den Fällen des Dividendenstrippings ein Mißbrauch rechtlicher Gestaltungsmöglichkeiten i.S. von § 42 AO grundsätzlich verneint. Das Urteil sieht in § 50c EStG eine besondere Regelung zur Vermeidung von Mißbräuchen, die die allgemeine abgabenrechtliche Mißbrauchsvorschrift auch dann verdrängt, wenn nicht alle Voraussetzungen des § 50c EStG erfüllt sind. Nach Abstimmung mit den obersten Finanzbehörden der Länder sind die Grundsätze der o.g. Entscheidung über den entschiedenen Einzelfall nicht anzuwenden."* Vgl. Nichtanwendungserlass des BMF v. 06.10.2000, BStBl. 2000 I 1392 (1392) zu dem Urteil des BFH v. 15.12.1999 – I R 29/97; Vgl. Verfasser geschwärzt, (Der Nichtanwendungserlass im Steuerrecht 2009) [Zugriff am 18.06.2019]
[168] Vgl. Verfasser geschwärzt, (Schreiben des Bundesverbands deutscher Banken 2002) [Zugriff am 18.06.2019]
[169] Vgl. Dutt, V., Spengel, H., Vay, H., (Dividendenstripping durch Cum/Ex- und Cum/Cum-Geschäfte 2018), S. 231
[170] Die Einführung von Jahressteuergesetzen wird in Deutschland seit 1995 praktiziert, es soll die Übersichtlichkeit neu eingeführter Steuergesetze verbessern, da in ihm sämtliche steuerliche Maßnahmen des Jahres zusammengefasst werden.
[171] Vgl. Deutscher Bundestag, (BT-Drucksache 16/2712 2006), S. 46 ff.

Mit Einführung des § 20 Abs. 1 Nr. 1 S. 4 EStG im JStG 2007 unterlag von nun an auch die Dividendenkompensationszahlung der Besteuerung.[172] Die Depotbanken sollten die Kapitalertragsteuer auf die Kompensationszahlungen des Leerverkäufers von diesem vereinnahmen und an das Finanzamt abführen[173], sodass der Leerkäufer dann auf die Anrechnung tatsächlicher abgeführter Steuer Antrag stellen könne.[174] Diese Regelung wurde allerdings mit der Einschränkung erlassen, dass ausländische Depotbanken nicht zum Einbehalt bzw. Abführung der Steuer auf die Kompensationszahlung an deutsche Finanzämter verpflichtet wurden, da im Gesetzestext nur von inländischen Depotbanken die Rede war.[175] Die logische Folge dieser Regelung war, dass die Nutzer von Cum-Ex-Geschäften die Abwicklung der Leerverkäufe einfach ins Ausland verlegten und daher nicht mehr von den ergangenen Regelungen erfasst wurden. Dieser Problematik wollte das BMF nun mit weiteren Maßnahmen begegnen, wie im BMF-Schreiben vom 05. Mai 2009[176] zu lesen ist. Grundsätzlich sollte bei Kapitalerträgen aus Aktien *„die mit Dividendenanspruch erworben, aber ohne Dividendenanspruch geliefert wurden und der hierauf bescheinigten Kapitalertragsteuer"* die Anrechnung versagt werden, wenn zwischen dem Leerkäufer und Leerverkäufer Absprachen vorlagen. Weiterhin sollte bei Beantragung der Anrechnung bzw. Erstattung eine Bestätigung eines Steuerberaters oder Wirtschaftsprüfers beigefügt werden, der aufgrund seines Einblicks in die Unternehmensverhältnisse bzw. einer Befragung des Steuerpflichtigen bestätigen sollte, dass eben diese Absprachen nicht vorlagen (sog. Berufsträgerbescheinigung).[177] Dabei kam es hierbei nicht darauf an, ob die Erstattung dann mehrfach für eine nur einmal gezahlte Steuer gewährt würde, sondern nur darauf, dass keine Absprachen vorliegen. Auch hier zeigt sich wieder die irrige Annahme, dass bei Vorlage einer Steuerbescheinigung gemäß § 45a Abs. 3 EStG in Verbindung mit einer Berufsträgerbescheinigung eine

---

[172] Dieser Vorschlag wurde bereits vom Bundesverband deutscher Banken gemacht und im JStG 2007 vom Gesetzgeber aufgegriffen.

[173] Entgegen der Abführung der Kapitalertragsteuer auf die Originaldividende, die seinerzeit noch von der ausschüttenden Aktiengesellschaft vorgenommen wurde.

[174] Vgl. Scheidt, S., (Zum Verständnis von „cum/ex" 2019), S. 29

[175] Vgl. Knobloch, A., (Steuerinduzierte Cum-ex- und Cum-cum-Geschäfte 2016), S. 693

[176] Vgl. Bundesministerium für Finanzen, (BMF-Schreiben IV C 1 2009) [Zugriff 18.06.2019]

[177] Vgl. Knobloch, A., (Steuerinduzierte Cum-ex- und Cum-cum-Geschäfte 2016), S. 693

mehrfache Anrechnung möglich sei[178], sodass die Cum-Ex-Geschäfte nicht wirkungsvoll unterbunden wurden.[179]

Eine wirksame Unterbindung der Cum-Ex-Geschäfte erfolgte erst mit einer erneuten Verzögerung. Im Rahmen des OGAW-IV-Umsetzungsgesetzes[180] wurde für girosammelverwahrte Aktien ab dem 01. Januar 2012 die Umstellung von der Netto- zur Brutto-Regulierung vorgenommen, d.h. beim Einzug zu regulierender Dividenden wurde nun von der Depotbank statt wie bisher nicht mehr die Nettodividende verrechnet, sondern die Bruttodividende.[181] Bedeutsamer und wirkungsvoller war allerdings die Umstellung vom Schuldner- auf das Zahlstellenprinzip. Ab diesem Zeitpunkt war und ist die Depotbank, die die Dividende auszahlt bzw. gutschreibt gleichsam zum Einbehalt bzw. Abführung der Kapitalertragsteuer verpflichtet (gemäß § 44 Abs. 1 Satz 4 Nr. 3 EStG), nicht wie bisher der Schuldner der Kapitalerträge, die Aktiengesellschaft.[182] Durch diese Regelung zahlt nun die Aktiengesellschaft die Bruttodividende in voller Höhe in das Abwicklungssystem der Clearstream ein und die auszahlende Depotbank des Leerkäufers bzw. bei ausländischen Depotbanken Clearstream selbst nimmt den Kapitalertragsteuerabzug vor und führt diesen an das Finanzamt ab.[183] Somit

---

[178] Vgl. Spengel, C., (Sachverständigengutachten nach § 28 PUAG für den 4. Untersuchungsausschuss der 18. Wahlperiode 2016), S. 110 ff.

[179] Diese Auffassung des BMF bzw. der Bundesregierung hielt offenbar noch jahrelang an. Die Bundesregierung ging erstmals 2013 bei der Beantwortung einer Kleinen Anfrage der Fraktion DIE LINKE auf die Situation zum wirtschaftlichen Eigentum bzw. der Zurechnungsproblematik gemäß § 39 Abs. 2 AO bei Cum-Ex-Geschäften ein: *„Bereits rein denklogisch kann nur derjenige wirtschaftliches Eigentum an einem Wirtschaftsgut verschaffen, der das (zivil-)rechtliche Eigentum oder zumindest das wirtschaftliche Eigentum an diesem Wirtschaftsgut besitzt".* S. BT-Drucksache 17/13638, S. 10. Mit seinem Schreiben vom 24.06.2015 bezog dann auch das BMF Stellung zur Zurechnungsfrage und den mehrfachen Anrechnungen: *„Bei Leerverkäufen kann auf den Erwerber allein schon wegen der Tatsache, dass der Veräußerer die Aktien zum Zeitpunkt des Geschäftsabschlusses nicht im Bestand hält, kein wirtschaft-liches Eigentum übergehen. Bei Leerverkäufen verkauft der Verkäufer Aktien, die er sich erst nach dem Geschäftsabschluss von einem Dritten beschaffen muss. Nur der Dritte ist in den Leerverkaufsfällen auch dividendenberechtig"* Vgl. BMF-Schreiben vom 24.6.2015, IV C 1 -S 2252/13/10005:003, DStR 2015, S. 1624 ff

[180] OGAW-IV ist eine Richtlinie des Europäischen Parlaments und steht für: „Organismen für gemeinsame Anlagen in Wertpapieren" und hat das Ziel, für mehr Transparenz bzgl. des Anlegerschutzes, eine Effizienzsteigerung und die Harmonisierung des Wettbewerbs im europäischen Investmentbereich zu sorgen. Bis Juni 2011 musste diese Richtlinie schließlich in nationales Recht umgesetzt werden. Vgl. J Höring, J., (Investmentrecht 2013), S. 213

[181] Vgl. Knobloch, A., (Steuerinduzierte Cum-ex- und Cum-cum-Geschäfte 2016), S. 693

[182] Vgl. Dutt, V., Spengel, H., Vay, H., (Dividendenstripping durch Cum/Ex- und Cum/Cum-Geschäfte 2018), S. 231

[183] Vgl. Knobloch, A., (Steuerinduzierte Cum-ex- und Cum-cum-Geschäfte 2016), S. 693

wurden sowohl Einbehalt als auch Abführung der Kapitalertragsteuer und auch die Ausstellung der entsprechenden Bescheinigung institutionell an einer Stelle gebündelt, eine mehrfache Ausstellung von Steuerbescheinigungen über nur einmal abgeführte Steuer wird somit ausgeschlossen.[184]

5.2 Zur Verhinderung der Cum-Cum-Geschäfte

Die bisher geschilderten Maßnahmen betrafen eher die Cum-Ex-Geschäfte. In Bezug auf die Cum-Cum-Geschäfte ließ eine Reaktion des Gesetzgebers länger auf sich warten. Bis 2016 vertrat die Bundesregierung betreffend den Cum-Cum-Geschäften die Auffassung, dass diese unter Berücksichtigung des Urteils des BFH vom 15. Dezember 1999 grundsätzlich zulässig seien und nur im Einzelfall unter dem Gesichtspunkt des Gestaltungsmissbrauchs zu prüfen seien.[185] Wie bereits beschrieben entschied der BFH eben dies nicht, sondern nur, dass eine Anwendung des § 42 AO durch den damals noch gültigen § 50c EStG gesperrt würde. Zudem ist bei den Modellen der Übergang des wirtschaftlichen Eigentums fraglich. Somit ist, je nachdem ob das wirtschaftliche Eigentum übergangen ist, eine Einzelfallprüfung nach § 42 AO angezeigt.[186] Diese falsche Sichtweise wurde erst durch einen Bericht des Finanzausschusses richtig gestellt.[187]

Erst mit dem Investmentsteuerreformgesetz (InvStRefG) wurden Maßnahmen ergriffen, um Cum-Cum-Geschäfte zu verhindern bzw. erschweren. Das InvStRefG vom 19. Juli 2016 führte rückwirkend zum 01. Januar 2016 den § 36a Abs. 2 EStG ein. Seitdem ist es zur Anrechnung der Kapitalertragsteuer notwendig, dass der Steuerpflichtige im Zeitraum von 90 Tagen um den Dividendenstichtag an mindestens 45 Tage zivilrechtlicher und wirtschaftlicher Eigentümer der Aktien ist.[188] Prinzipiell erschwert diese Regelung die kurzfristigen Wertpapierleihgeschäft um den Dividendenstichtag, da durch diese Mindesthaltedauer für den Verleiher das Risiko entsteht, dass der Kurs der

---

[184] Vgl. Spengel, C., (Sachverständigengutachten nach § 28 PUAG für den 4. Untersuchungsausschuss der 18. Wahlperiode 2016), S. 20

[185] Vgl. Deutscher Bundestag, (BT-Drucksache 18/7213 2016), S. 1

[186] Darüber hinaus hätte die Bundesregierung bzw. das BMF nach Wegfall des § 50c EStG sich auf die Rechtslage vor Einführung dieses Paragraphen im Jahr 1980 zurückbesinnen können, zu dieser Zeit galt die Gestaltung generell als Gestaltungsmissbrauch i.S.d. § 42 AO.

[187] Vgl. Deutscher Bundestag, (BT-Drucksache 18/8739 2016), S. 94

[188] Ausgenommen von dieser Regelung sind Kleinanleger mit zu erwartenden Kapitalerträgen bis 20.000 Euro und langfristig orientierte Investoren. Vgl. Knobloch, A., (Steuerinduzierte Cum-ex- und Cum-cum-Geschäfte 2016), S. 693

entsprechenden Aktie im Verlauf der Wertpapierleihe sich gravierend verändert und er keinen direkten Zugriff zum Verkauf der Aktie hat. Wie beschrieben sind die Wertpapierleihen aber häufig mit einem Kündigungsrecht des Entleihers versehen, sodass dieser die Möglichkeit hätte, auf Kursschwankungen in relativ kurzer Zeit zu reagieren.[189] Kritiker sehen durch diese Reaktion des Gesetzgebers die Grundlage für Cum-Cum-Geschäfte aber keinesfalls entzogen, vielmehr liege das Problem darin, dass durch die Wertpapierleihe die eigentlich steuerpflichtigen Dividendenerträge in steuerfreie Wertpapierleihgebühren umgewandelt werden.[190]

5.3 Zur Untersuchung der genutzten Modelle

Abschließend zu diesem Kapitel soll nun noch der eingesetzte Untersuchungsausschuss des Bundestags zu Cum-Cum- und Cum-Ex-Geschäften genauer betrachtet werden. Nachdem die Modelle durch Presseberichte einer breiten Öffentlichkeit bekannt wurden, starteten die Bundestagsfraktionen Bündnis 90/Die Grünen und DIE LINKE am 19. Februar 2016 eine Initiative zur Einsetzung eines parlamentarischen Untersuchungsausschusses (UA), welcher seinen Abschlussbericht am 20. Juni 2017 vorlegte.[191] Ein UA dient dazu, das Parlament über ein mögliches institutionelles oder personelles Fehlverhalten im öffentlichen Leben zu informieren und wird häufig von Oppositionsparteien eingesetzt.[192] Dieser spezielle Untersuchungsausschuss sollte insbesondere etwaiges Fehlverhalten von Regierungsbehörden bezüglich ungerechtfertigter Steueranrechnung und -erstattung untersuchen[193], d.h. das Hauptaugenmerk wurde auf die Cum-Ex-Geschäfte gelegt, Cum-Cum-Geschäfte wurden allerdings auch behandelt, wenn auch weniger ausführlich.

---

[189] Entweder nach Rück-Einbuchung in sein Depot oder durch Abschluss eines Leerverkaufs, dessen Verpflichtung er dann mit den gekündigten Wertpapierleihe-Aktien erfüllt

[190] Vgl. Spengel, C., (Sachverständigengutachten nach § 28 PUAG für den 4. Untersuchungsausschuss der 18. Wahlperiode 2016), S. 62

[191] Vgl. Deutscher Bundestag, (BT-Drucksache 18/12700 2017)

[192] Vgl. Riede, M., Scheller, H., (Parlamentarische Untersuchungsausschüsse im Bundestag 2013), S. 93

[193] Vgl. Deutscher Bundestag, (BT-Drucksache 18/12700 2017), S. 16 ff.

Der UA kam bezüglich der Cum-Ex-Geschäfte zu dem Ergebnis, dass die mehrfache Anrechnung nur einmal abgeführter Kapitalertragsteuer rechtswidrig war und zu keiner Zeit eine Gesetzeslücke bestand, die dies hätte legitimieren können.[194] Ein Fehlverhalten von Bundesbehörden, insbesondere der Finanzverwaltung erkannte der UA nicht, vielmehr hätten zum einen die internen Kontrollmechanismen innerhalb der Banken versagt, zum anderen seien die Cum-Ex-Geschäfte aktiv durch Steuerberater und Rechtsanwälte verschleiert worden, teilweise auch durch in Auftrag gegebene Gutachten und Fachaufsätze von Steuerrechtsprofessoren, die die Rechtmäßigkeit der Modelle belegen sollten.[195] Die Finanzbehörden hätten bis 2007 keinerlei Kenntnis über die Gestaltung bei Cum-Ex-Geschäften gehabt und nach Erlangung der Kenntnis mit der Konzeption des JStG 2007 zeitnah erste Gegenmaßnahmen eingeleitet.[196] [197] Der UA lobte insbesondere das Vorgehen der Bundes- und Länderbehörden und der BaFin bzgl. der Cum-Ex-Geschäfte, die Aufarbeitung sei sehr zielstrebig verfolgt worden, Versäumnisse seien nicht zu erkennen.[198]

Wie bereits aufgezeigt lässt sich dieses durchweg positive Urteil bzgl. des Handels der Exekutive (d.h. Behörden) und Legislative (d.h. Gesetzgebung) nicht uneingeschränkt teilen. Die Reaktionen zur Verhinderung der Cum-Ex-Geschäfte erfolgten nur sehr schleppend und teils unzureichend. Zudem wurden den Nutzern der Modelle durch das Verbreiten teils irriger Interpretationen der gültigen Gesetzeslage Argumentationshilfen bzgl. der Rechtmäßigkeit bzw. Billigung der Modelle zur Verteidigung der Gestaltungen geliefert.[199]

---

[194] Vgl. Deutscher Bundestag, (BT-Drucksache 18/12700 2017), S. 325 ff., 332

[195] Vgl. Deutscher Bundestag, (BT-Drucksache 18/12700 2017), S. 352 f.

[196] Vgl. Deutscher Bundestag, (BT-Drucksache 18/12700 2017), S. 345 ff.

[197] Zu dem nahezu wortgleich aus dem Schreiben des Bundesverbands deutscher Banken entnommenen Vorschlag bzgl. der Neuregelung der Dividendenkompensationzahlung vermerkte der UA abschließend: *„Derartige Eingaben sind parlamentarischer Alltag"*. Vgl. Deutscher Bundestag, (BT-Drucksache 18/12700 2017), S. 345

[198] Vgl. Deutscher Bundestag, (BT-Drucksache 18/12700 2017), S. 345

[199] Vgl. V. Dutt, C. Spengel, H. Vay „Dividendenstripping durch Cum/Ex- und Cum/Cum-Geschäfte – Analyse aktueller Entwicklungen" in Steuer und Wissenschaft 3/2018 S. 232

Auch die Cum-Cum-Geschäfte wurden vom UA behandelt, obwohl sie nicht explizit im Untersuchungsauftrag des UA genannt sind.[200] In der Bewertung trifft der UA allerdings keine klare Aussage bzgl. der Rechtmäßigkeit wie bei den Cum-Ex-Geschäften, sondern weist lediglich darauf hin, dass das BMF stets versucht hätte, bei grenzüberschreitenden Fällen das Maximum an Kapitalertragsteuer einzubehalten[201] und durch die neu eingeführten Regelungen im Sinne des InvStRefG die fraglichen Praktiken gestoppt worden sein.[202] Weiterhin wird erklärt, dass ggf. zu einem späteren Zeitpunkt ein neuer UA eingesetzt werden könne bzw. solle, der explizit die Cum-Cum-Geschäfte als Untersuchungsauftrag festgeschrieben bekomme.[203]

---

[200] Die Formulierung die genutzt wurde lautete: „Ähnliche Gestaltungen" in Bezug auf die Cum-Ex-Geschäfte. Vgl. BT-Drucksache 18/12700, S. 450

[201] Vgl. BT-Drucksache 18/12700, S. 373

[202] Vgl. BT-Drucksache 18/12700, S. 306

[203] Vgl. BT-Drucksache 18/12700, S. 455

6 Mögliche Maßnahmen zur zukünftigen Verhinderung ähnlicher Modelle

In diesem Kapitel soll nun der Fokus darauf liegen, mögliche Maßnahmen zur wirkungsvollen Verhinderung ähnlicher Gestaltungsmodelle für die Zukunft zu formulieren, da die bisher genutzten Formen der Cum-Ex- bzw. Cum-Cum-Geschäfte nicht mehr möglich bzw. erschwert sind, es aber durchaus realistisch erscheint, dass andere Formen der Gestaltung genutzt werden, um eine Besteuerung zu vermeiden bzw. zu umgehen.

6.1 Einführung einer Anzeigepflicht für Steuergestaltungen

Denkbar wäre zum einen die Einführung einer Anzeigepflicht für Steuergestaltungsmodelle. Die Idee bzw. Konzeption einer Anzeigepflicht für steuerliche Gestaltungsmodelle ist nicht neu, es existieren bereits einige Entwürfe. So hat die OECD[204] bereits im Jahr 2015 einen Abschlussbericht bzgl. ihrer Empfehlungen einer Anzeigepflicht vorgelegt[205], welcher allerdings nicht bindend ist.[206] Auch die EU-Kommission legte 2017 einen Richtlinienentwurf[207] vor, der die Mitgliedsstaaten zur Einführung einer Anzeigepflicht für grenzüberschreitende Gestaltungsmodelle verpflichten sollte. Dieser Entwurf wurde mehrfach überarbeitet und schließlich am 05. Juni 2018 im Amtsblatt der Europäischen Union veröffentlicht.[208] Diese Richtlinie ist bis spätestens 01. Juli 2020 in nationales Recht umzusetzen.[209] Auch auf nationaler Ebene gibt es Entwürfe für eine solche Anzeigepflicht. So einigten die Bundesländer sich im Rahmen einer Finanzministerkonferenz am 21. Juli 2018 auf eine eben solche, dieser Entwurf ist bisher aber unveröffentlicht.[210]

---

[204]204 Die OECD (=Organisation für wirtschaftliche Zusammenarbeit und Entwicklung) ist ein Zusammenschluss von 36 Mitgliedsstaaten, der völkerrechtlich bindende Beschlüsse fassen kann.

[205] Vgl. OECD, (Mandatory Disclosure Rules 2016)

[206] Vgl. Hermenns, H., Münch, L., (Anzeigepflicht für Steuergestaltungen 2018), S. 13

[207] Vgl. EU-Kommission, (COM(2017) 335 final 2017)

[208] Amtsblatt der Europäischen Union, (EU-Richtlinie 2018/822 2018)

[209] Amtsblatt der Europäischen Union, (EU-Richtlinie 2018/822 2018), Art. 2 Abs. 1

[210] Vgl. Hermenns, H., Münch, L., (Anzeigepflicht für Steuergestaltungen 2018), S. 30

Die konkrete Ausgestaltung weist in allen Vorschlägen und Entwürfen einige Gemeinsamkeiten auf. Grundsätzlich wäre denkbar, dass feste Fallgruppen zu bestimmten steuerlichen Gestaltungsmodellen bzw. Geschäften, die hauptsächlich steuerinduziert sind, gebildet werden und diesen eine Registriernummer o.Ä. zugewiesen wird, mit der der Steuerpflichtige die Gestaltung im Rahmen seiner Veranlagung beim Finanzamt anzugeben hat.[211] Im Vorfeld sollten dann bestimmte Kennzeichen dieser Gestaltungen festgelegt werden. Anhand dieser Kennzeichen könnte die Finanzverwaltung dann prüfen, ob die Gestaltung u.a. als missbräuchlich im Sinne des § 42 AO anzusehen ist.[212]

Für den Nutzer solcher Modelle würde die Einführung einer Anzeigepflicht mit einem erhöhten Risiko einhergehen, dass das genutzte Modell einer Prüfung nach § 42 AO unterzogen wird.[213] Empirische Studien belegen, dass aktuell ca. drei Viertel der Steuerpflichtigen in Deutschland das Risiko bspw. bei einer Steuerhinterziehung entdeckt zu werden, als eher moderat einschätzen und nur 11% ein sehr großes Entdeckungsrisiko fürchten.[214] Es liegt der Schluss nahe, dass die Durchsetzung der Steuerehrlichkeit durch die Finanzämter von den Steuerpflichtigen als nicht zwingend wahrgenommen wird. Dies deckt sich mit der Tatsache, dass die meisten Steuerfälle durch das Finanzamt vollautomatisch geprüft werden und eine personelle Prüfung eher die Ausnahme als die Regel darstellt.[215] Das bloße Anzeigen einer Nutzung würde allerdings noch nicht indizieren, dass ein Missbrauch genutzt oder gar eingestanden wird. Die Finanzbehörde bekäme durch die Anzeige lediglich einen Anhaltspunkt, die gewünschte steuerliche Anrechnung genauer zu prüfen und dem Steuerpflichtigen darüber Bescheid zu geben. Im Länderentwurf von 2018 wurde darüber hinaus die Frage diskutiert, ob eine Sperrwirkung für die Anwendung des § 42 AO generiert wird, wenn die Finanzbehörden nicht auf die Anzeige reagieren, der Steuerpflichtige also ggf. davon ausgeht, dass es an seiner Gestaltung nichts

---

[211] Vgl. Hermenns, H., Münch, L., (Anzeigepflicht für Steuergestaltungen 2018), S. 30

[212] Es zeigt sich, dass sich die Vorgaben zu einer Anzeigepflicht mit den Tatbestandsmerkmalen eines Gestaltungsmissbrauch i.S.d. § 42 AO überschneiden können. Dies ist ausdrücklich so gewünscht um als Reaktion auf die Anzeige handlungsfähig zu sein. Vgl. Hermenns, H., Münch, L., (Anzeigepflicht für Steuergestaltungen 2018), S. 14

[213] Vgl. Hermenns, H., Münch, L., (Anzeigepflicht für Steuergestaltungen 2018), S. 66

[214] Vgl. Feld, L., Schneider, F., (Steuerunehrlichkeit, Abschreckung und soziale Normen 2011), S. 4

[215] Vgl. Hermenns, H., Münch, L., (Anzeigepflicht für Steuergestaltungen 2018), S. 62

auszusetzen gibt.[216] Letztendlich kann der Steuerpflichtige von einer Nicht-Reaktion nicht die Sperre der Anwendung des § 42 AO herleiten, eine Sperrwirkung würde die ganze Intention der Anzeigepflicht konterkarieren.[217]

Für den Fall der pflichtwidrigen Nichtanzeige sollten zur Wirksamkeit einer Anzeigepflicht Konsequenzen festgelegt werden. Naheliegend wäre hier, dass der Steuervorteil versagt wird, auch wenn das genutzte Modell an sich nicht beanstandungswürdig ist.[218] Weiterhin könnte die pflichtwidrige Nichtanzeige als Ordnungswidrigkeit eingestuft werden, die mit einem Bußgeld belegt ist. Bei Bemessung eines etwaigen Bußgeldes wäre denkbar, dass dieses an den evtl. erzielten Steuervorteil geknüpft wird.[219]

Die Anzeigepflicht könnte mehrere Ziele verfolgen. Zum einen könnte sie eine Rechtssetzungsfunktion erfüllen, indem durch sie potenziell unerwünschte oder missbräuchliche Gestaltungen schneller erfasst werden könnten und absehbar wäre, ob es sich um Einzelfälle oder massenhaft genutzte Modelle handelt.[220] Im Rahmen der Rechtssetzungsfunktion wäre der Gesetzgeber damit handlungsfähiger, was das Erlassen neuer Gesetze angeht, um diesen Gestaltungen die steuerliche Anerkennung zu verwehren bzw. einen Missbrauch zu verhindern.[221] Problematisch am Erlassen immer neuer und engmaschigerer Missbrauchsnormen ist allerdings eine eventuelle Sperrwirkung bspw. gegenüber der allgemeinen Missbrauchsnorm § 42 AO[222], denn es gilt der Grundsatz *„lex specialis derogat legi generali".*[223] Als Beispiel sei hier wieder auf das Urteil des BFH vom 15. Dezember 1999 verwiesen, die die Anwendung des § 42 AO unter Hinweis auf den speziellen § 50c EStG gesperrt sah, auch wenn im entschiedenen Fall nicht alle Voraussetzungen des § 50c EStG erfüllt waren. Dadurch verliert die allgemeine Missbrauchsnorm durchaus an Bedeutung und kann im Zweifelsfall diese auch nur durch einzelne, richterliche Entscheidungen zurückgewinnen.

---

[216] Vgl. Hermenns, H., Münch, L., (Anzeigepflicht für Steuergestaltungen 2018), S. 73

[217] Vgl. Hermenns, H., Münch, L., (Anzeigepflicht für Steuergestaltungen 2018), S. 77

[218] Vgl. Hermenns, H., Münch, L., (Anzeigepflicht für Steuergestaltungen 2018), S. 69

[219] Vgl. Hermenns, H., Münch, L., (Anzeigepflicht für Steuergestaltungen 2018), S. 70

[220] Vgl. Osterloh-Konrad, C., Heber, C., Beuchert, T., (Anzeigepflicht für Steuergestaltungen in Deutschland 2017), S. 3 ff.

[221] Vgl. Hermenns, H., Münch, L., (Anzeigepflicht für Steuergestaltungen 2018), S. 12

[222] Vgl. Florstedt, T., (Wirtschaftliches Eigentum und Steuerumgehung bei Aktiengeschäften um den Dividendenstichtag 2018), S. 228

[223] Übersetzt bedeutet dies, dass das spezielle Gesetz dem allgemeinen vorgeht. Vgl. Schulte-Rummel, B., (Steuerumgehung und Hinzurechnungsbesteuerung 2005), S. 120

Auch kann die Schaffung neuer Spezialvorschriften nicht in der Lage sein, jede Form problematischer Gestaltungsmodelle zu verhindern, allerdings wird durch mehr einzelne Gesetzesnormen das Gesetz an sich unübersichtlicher und komplizierter.[224]

Zum anderen könnte die Anzeigepflicht auch dazu dienen, die Rechtsanwendung zu vereinfachen, indem die relevanten Gestaltungsmodelle vereinheitlicht werden und so von den Finanzbehörden besser aufgegriffen und behandelt werden könnten. Dies würde im Einzelfall bedeuten, dass die Nutzung eines fraglichen Gestaltungsmodells dazu führen könnte, dass die Finanzämter sich eben diese genauer anschauen und die steuerliche Anrechnung genauer prüfen.[225] Bezogen auf das Dividendenstripping in Form der Cum-Cum-Geschäfte hätte eine Anzeigepflicht bspw. bedeuten können, dass bei Anzeige eben jener Nutzung eines Wertpapierleihgeschäfts zwischen einem Steuerausländer und Steuerinländer dem Finanzamt der Hintergrund des Geschäfts klar gewesen wäre und ggf. die steuerliche Anrechnung sofort mit Verweis auf die ständige Rechtsprechung hätte verwehrt werden können. In der Folge wäre der entstandene Steuerschaden vermutlich geringer ausgefallen.[226]

In diesem Kontext könnte als dritte Funktion einer Anzeigepflicht eine präventiv wirkende Abschreckungsfunktion genannt werden, die dazu führen könnte, dass unerwünschte bzw. missbräuchliche Gestaltungsmodelle nicht mehr massenhaft genutzt werden würden.[227] [228]

6.2 Einheitliche Besteuerung

Ein spezifischer Vorschlag zur künftigen dauerhaften Vermeidung speziell der Cum-Cum-Geschäfte ist alternativ die Abschaffung des status quo, in dem es Steuerpflichtige gibt, die für den selben steuerlichen Sachverhalt niedrigere Steuern bezahlen (bzw. ihre gezahlten Steuern angerechnet/erstattet bekommen können) als andere Steuerpflichtige. Aktuell findet für Steuerausländer wie beschrieben eine Definitivbelastung bei Kapitalerträgen wie z.B. einer Dividende

---

[224] Vgl. Oberheide, R., (Die Bekämpfung der Steuerumgehung 1998), S. 46

[225] Vgl. Hermenns, H., Münch, L., (Anzeigepflicht für Steuergestaltungen 2018), S. 12

[226] Vgl. Osterloh-Konrad, C., Heber, C., Beuchert, T., (Anzeigepflicht für Steuergestaltungen in Deutschland 2017), S. 32 f.

[227] Vgl. Hermenns, H., Münch, L., (Anzeigepflicht für Steuergestaltungen 2018), S. 13

[228] Vgl. Osterloh-Konrad, C., Heber, C., Beuchert, T., (Anzeigepflicht für Steuergestaltungen in Deutschland 2017), S. 13

i.H.v. 15% statt. Dieser Umstand wird u.a. auch vom Europäischen Gerichtshof (EuGH) gerügt und als unionsrechtswidrig deklariert, da dies eine Diskriminierung des Steuerausländers sei.[229] Eine umfassende Bemessungsgrundlage (in Bezug auf bspw. die „Transformation" von Dividenden in Wertpapierleihgebühren) und ein einheitlicher Steuersatz für alle Steuerpflichtigen könnte hier die Lösung sein.[230] Durch eine lückenlose Besteuerung sämtlicher Einkunftsarten mit einem einheitlichen Steuersatz wäre diesen Geschäftsmodellen der Sinn und Zweck entzogen[231], im Gegensatz zur aktuellen Regelung der Mindesthaltedauer, bei dem die Gestaltung zwar erschwert wird, die Möglichkeit der Nutzung aber theoretisch immer noch gegeben ist.

In eine ähnliche Richtung ginge der Vorschlag, die Anrechnungsverfahren für bisher Nichtanrechnungsberechtigte zu öffnen. Durch diese Maßnahme würde der Hauptgrund für die Cum-Cum-Geschäfte ebenso wegfallen, da der Steuerausländer nun selber eine Anrechnung/Erstattung der gezahlten Steuer beantragen könnte.[232] Dies ginge allerdings mit der Folge einher, dass das Steueraufkommen vermutlich erheblich sinken würde, da ein größerer Kreis anrechnungsberechtigt wäre und die Anrechnungsverfahren auch in Anspruch nehmen würde.[233] Als positiver Nebeneffekt könnte sich durch diese Maßnahme auch eine Verbesserung Deutschlands im internationalen Steuerwettbewerb einstellen, da die Investition in deutsche Aktiengesellschaften auch ohne die Nutzung zweifelhafter Gestaltungsmodelle für Steuerausländer attraktiver wird.

---

[229] EuGH v. 20.10.2011 – C-284/09, ECLI:EU:C:2011:670 Rz, S. 72

[230] Vgl. Oberheide, R., (Die Bekämpfung der Steuerumgehung 1998), S. 216

[231] Vgl. Oberheide, R., (Die Bekämpfung der Steuerumgehung 1998), S. 220

[232] Vgl. Eberhardt, D., (Körperschaft- und gewerbesteuerliche Wirkungen von Dividenden 2019), S. 307 ff.

[233] Unfried, A., (Steuerrecht und Dividenden-Stripping 1998), S. 249

7 Schlussbetrachtung

Im Fazit dieser Arbeit soll nun noch einmal auf die gesammelten Erkenntnisse eingegangen werden. Zu Beginn dieser Arbeit stand das Ziel, dem Leser die Varianten des Dividendenstrippings näher zu bringen und nachvollziehen zu lassen. Es zeigte sich, dass die genutzten Modelle für Außenstehende auf den ersten Blick sehr schwer nachzuvollziehen sind, hauptsächlich auf Grund ihrer komplexen aber zielgerichteten Schrittabfolge. Zudem sind für das Verständnis grundlegende Kenntnisse zu Aktien, Dividenden und der Besteuerung notwendig. Es stand die Frage im Raum, ob diese Modelle denn nun legale Steuervermeidungsmodelle waren oder ob es sich um illegale Steuerumgehungspraktiken handelte. Es wurde herausgearbeitet, dass beide Modelle eingesetzt wurden um Steuern zu sparen bzw. mehrfach erstattet zu bekommen. Dabei kommt es in der Bewertung der Cum-Cum-Fälle sehr auf den spezifischen Einzelfall an, die Tendenz geht aber in die Richtung, dass diese Modelle zu ungerechtfertigten Steueranrechnungen genutzt wurden und auch als missbräuchliche Gestaltung angesehen werden können. Die Bewertung der Cum-Ex-Fälle fällt dahingehend aus, dass die Steueranrechnungen/-erstattungen bei diesen Modellen (mit Leerverkauf) zu keiner Zeit rechtens waren. Es bleibt abzuwarten, wie die steuerstrafrechtliche Verfolgung, insbesondere der Cum-Ex-Geschäfte, in Zukunft ausfallen wird. Aktuell (Juni 2019) steht im Raum, dass ein Musterprozess zu diesen Fällen angestoßen werden soll, in dem die Rechtslage bzgl. einer Steuerhinterziehung erstmalig und musterhaft beurteilt werden soll.[234]

Im Gegensatz zu der häufig zitierten vorliegenden Gesetzeslücke kam diese Arbeit zu dem Schluss, dass keine Gesetzeslücke vorlag, der Gesetzgeber allerdings durch teils verspätetes Handeln den Geschäftsmodellen zu spät die Grundlage entzogen hat. Die bisher getroffenen Maßnahmen des Gesetzgebers wurden im Verlauf der Arbeit um mögliche weitere Maßnahmen ergänzt, da u.a. zweifelhaft ist, ob die Cum-Cum-Geschäfte wirkungsvoll und dauerhaft durch die Mindesthaltedauer unterbunden oder nur erschwert werden. Meiner Einschätzung nach ist es für die dauerhaft Beendigung dieser Praxis notwendig, dass ihr die Grundlage entzogen wird, d.h. die unterschiedliche Besteuerung der Einkunftsarten (unbesteuerte Wertpapierleihgebühr gegenüber besteuerter Dividendenzahlung) durch eine breitere Besteuerungsgrundlage aufgehoben

---

[234] Vgl. manager-magazin (Strittige Cum-Ex-Geschäfte, erster Musterprozess möglich 2019) [Zugriff am 18.06.2019]

und/oder die unterschiedliche Besteuerung der Steuerpflichtigen nach Steuerin- und –ausländer nicht länger bestehen bleibt. Zudem wäre eine allgemeine Anzeigepflicht für Steuergestaltungsmodelle eine Möglichkeit für den Gesetzgeber bzw. die Finanzverwaltung zeitnah auf problematische Gestaltungen aufmerksam zu werden und Gegenmaßnahmen einzuleiten.

Als Nicht-Jurist war der Autor dieser Arbeit bei der Bewertung der Vorgänge und Ausformulierung möglicher Gegenmaßnahmen wie beschrieben auf Meinungen ausgewiesener Experten auf dem Themenfeld des Dividendenstrippings bzw. der Steuervermeidung/-umgehung angewiesen. Es wurde versucht dem Leser die Rechtslage und Methodik möglichst einfach nahezubringen und verständlich zu machen.

Literaturverzeichnis

Ackermann, L., Becker, B., Daubenberger, M., Faigle, P., Polke-Majewski, K., Rohrbeck, F., Salewski, C., Schröm, O., Zeit-Online (Der größte Steuerraub in der deutschen Geschichte 2017), Cum-Ex - Der größte Steuerraub in der deutschen Geschichte, 07.06.2017, https://www.zeit.de/2017/24/cum-ex-steuerbetrug-steuererstattungen-ermittlungen [Zugriff am 18.06.2019]

Amtsblatt der Europäischen Union, (EU-Richtlinie 2018/822 2018), Richtlinie (EU) 2018/822 des Rates vom 25. Mai 2018 zur Änderung der Richtlinie 2011/16/EU bezüglich des verpflichtenden automatischen Informationsaustauschs im Bereich der Besteuerung über meldepflichtige grenzüberschreitende Gestaltungen, 25.05.2018 https://linklaters.de/fileadmin/redaktion/Steuerrecht/Gesetzesmateriali en/Offenlegung_grenzüberschreitender_steuerlicher_Gestaltungsmodelle_ _EU_/20180605_Offenlegungspflichten_EU_Abl_L_139-1_de.pdf [Zugriff am 18.06.2019]

Bley, S., (Wertpapiergeschäft 1979), Grundlagen und Praxis des Wertpapiergeschäfts, Düsseldorf 1979

Brinkmann, L., (Teilentgeltliche Unternehmensnachfolge im Mittelstand 2005), Teilentgeltliche Unternehmensnachfolge im Mittelstand - Ertrag- und schenkungsteuerliche Konsequenzen bei Einzelunternehmen und Personengesellschaften, Berlin 2005

Bundesministerium für Finanzen, (BMF-Schreiben IV C 6 2016), Wirtschaftliche Zurechnung bei Wertpapiergeschäften, 11.11.2016 https://kor-ifrs.owlit.de/document/zeitschriften/kor/2016/heft-12/reports/wirtschaftliche-zurechnung-bei-wertpapiergesc/MLX_d140?authentication=none [Zugriff am 18.06.2019]

Bundesministerium für Finanzen, (BMF-Schreiben IV C 1 2009), Anrechnung und Erstattung von Kapitalertragsteuer bei über den Dividendenstichtag noch zu regulierenden Geschäften, 05.05.2009 https://www.stbverband.de/klcms2/mediathek/files/downloads/stbver band/dokumente/news/2010/10-01-06_bmf_kapest.pdf [Zugriff 18.06.2019]

Burger, E., (Einführung in die Theorie der Spiele 1959), Einführung in die Theorie der Spiele – Mit Anwendungsbeispielen, insbesondere aus Wirtschaftslehre und Soziologie, Berlin 1959

Corsten, H., Gösser, R., (Lexikon der Betriebswirtschaftslehre 2008), Lexikon der Betriebswirtschaftslehre, Berlin 2008

Daubenberger, M., Polke-Majewski, K., Rohrbeck, F., Salewski, C., Schröm, O., Tagesschau Online (Angriff auf Europas Steuerzahler 2018), Cum-Ex-Files - Angriff auf Europas Steuerzahler, 18.10.2018, https://www.tagesschau.de/wirtschaft/cum-ex-files-101.html [Zugriff am 18.06.2019]

Deutscher Bundestag, (BT-Drucksache 18/12700 2017), Beschlussempfehlung und Bericht des 4. Untersuchungsausschusses nach Artikel 44 des Grundgesetzes, 20.06.2017 http://dip21.bundestag.de/dip21/btd/18/127/1812700.pdf [Zugriff am 18.06.2019]

Deutscher Bundestag, (BT-Drucksache 18/7213 2016), Antwort der Bundesregierung auf die Kleine Anfrage der Abgeordneten Dr. Gerhard Schick, Kerstin Andreae, Lisa Paus, weiterer Abgeordneter und der Fraktion BÜNDNIS 90/DIE GRÜNEN, 07.01.2016, http://dip21.bundestag.de/dip21/btd/18/072/1807213.pdf [Zugriff am 18.06.2019]

Deutscher Bundestag, (BT-Drucksache 18/8739 2016), Beschlussempfehlung und Bericht des Finanzausschusses (7. Ausschuss) zu dem Gesetzentwurf der Bundesregierung – Drucksachen 18/8045, 18/8345, 18/8461 Nr. 1.6 – Entwurf eines Gesetzes zur Reform der Investmentbesteuerung (Investmentsteuerreformgesetz – InvStRefG), 08.06.2016, http://dip21.bundestag.de/dip21/btd/18/087/1808739.pdf [Zugriff am 18.06.2019]

Deutscher Bundestag, (BT-Drucksache 16/2712 2006), Gesetzentwurf der Bundesregierung - Entwurf eines Jahressteuergesetzes 2007 (JStG 2007), 25.09.2006 http://dip21.bundestag.de/dip21/btd/16/027/1602712.pdf [Zugriff am 18.06.2019]

Dutt, V., Spengel, H., Vay, H., (Dividendenstripping durch Cum/Ex- und Cum/Cum-Geschäfte 2018), Dividendenstripping durch Cum/Ex- und Cum/Cum-Geschäfte – Analyse aktueller Entwicklungen, Zeitschrift für die gesamten Steuerwissenschaften, Band 95, Heft 3/2018, Köln 2018

Eberhardt, D., (Körperschaft- und gewerbesteuerliche Wirkungen von Dividenden 2019), Körperschaft- und gewerbesteuerliche Wirkungen von Dividenden und ihnen gleichgestellten Bezügen bei in Deutschland ansässigen Kapitalgesellschaften, Wiesbaden 2016

Ettmann, B., Wolff, K., Wurm, G., (Kompaktwissen Bankbetriebslehre 2012), Kompaktwissen Bankbetriebslehre, Köln 2012

Eggert, W., (Steuerobjekt)
https://wirtschaftslexikon.gabler.de/definition/steuerobjekt-42049 [Zugriff am 18.06.2019]

EU-Kommission, (COM(2017) 335 final 2017) Vorschlag für eine Richtlinie des Rates zur Änderung der Richtlinie 2011/16/EU bezüglich des verpflichtenden automatischen Informationsaustauschs im Bereich der Besteuerung über meldepflichtige grenzüberschreitende Modelle, 21.06.2017
https://ec.europa.eu/transparency/regdoc/rep/1/2017/DE/COM-2017-335-F1-DE-MAIN-PART-1.PDF [Zugriff am 18.06.2019]

Feld, L., Schneider, F., (Steuerunehrlichkeit, Abschreckung und soziale Normen 2011), Steuerunehrlichkeit, Abschreckung und soziale Normen: Empirische Evident für Deutschland, Stiftung Marktwirtschaft, Heft 112, Januar 2011, Berlin 2011

Fend, R., Correctiv (Cum-Ex-Files 2019), The Cum-Ex-Files – A Cross-Border Investigation, 18.10.2018, https://cumex-files.com/ [Zugriff am 18.06.2019]

Florstedt, T., (Wirtschaftliches Eigentum und Steuerumgehung bei Aktiengeschäften um den Dividendenstichtag 2018), Wirtschaftliches Eigentum und Steuerumgehung bei Aktiengeschäften um den Dividendenstichtag – Methodologische Überlegungen aus Anlass der aktuellen Diskussion zu Cum/ex- und Cum/cum-Geschäften, Zeitschrift für die gesamten Steuerwissenschaften, Band 95, Heft 3/2018, Köln 2018

Florstedt, T., (Cum/cum-Geschäfte und Vorstandshaftung 2018), Cum/cum-Geschäfte und Vorstandshaftung – Rechtsirrtum und Rechtszweifel „saisonale Aktienarbitrage", Neue Zeitung für Gesellschaftsrecht, Heft 13/2018, München 2018

Freudenberg, T., (Anzahl der Aktiengesellschaften in Deutschland 2007), Aktienrecht in Zahlen – Anzahl der Aktiengesellschaften in Deustchland, Der Betrieb 01.09.2007, Heft 17, Seite R375

Franz, T., (Allgemeine Regeln zu Bekämpfung der Steuerumgehung 2017), Allgemeine Regeln zur Bekämpfung der Steuerumgehung in Deutschland und dem Vereinigten Königreich, Berlin 2017

Fugger, H., (Handbuch der erfolgreichen Aktienanlage 2000), Handbuch der erfolgreichen Aktienanlage – Grundlagen, Bewertung, Strategien, München 2000

Götte, R., (Aktien, Anleihen, Futures, Optionen 2001), Aktien, Anleihen, Futures, Optionen – Das Kompendium, Marburg 2001

Hermenns, H., Münch, L., (Anzeigepflicht für Steuergestaltungen 2018), Anzeigepflicht für Steuergestaltungen – Eine rechtliche Würdigung verschiedener Entwürfe unter besonderer Berücksichtigung des Verhältnisses zu § 42 AO, ifst-Schrift 525, Berlin 2018

Homolka, W., Kauper, I., Küspert, A., (Das Wertpapiergeschäft 1993), Das Wertpapiergeschäft – Was Sie von Aktien, Renten, Optionen und Investmentfonds wissen müssen, Wiesbaden 1993

Höppner, M., (Mehr Mitbestimmung durch Shareholder-Value? 2002), Mehr Mitbestimmung durch Shareholder-Value?, Die Mitbestimmung, Heft 06/2002, Düsseldorf 2002

Höring, J., (Investmentrecht 2013), Investmentrecht – Rechtliche Grundlagen für die Anlageberatung, Wiesbaden 2013

Hüls, S., Ransiek, A., (Zum Eventualvorsatz bei der Steuerhinterziehung 2011), Zum Eventualvorsatz bei der Steuerhinterziehung, Neue Zeitschrift für Strafrecht, Band 12, 2011, Frankfurt am Main

Jansch, T., (Die Rolle der Aktionäre in Publikumsgesellschaften 1999), Die Rolle der Aktionäre in Publikumsgesellschaften – Mit einem Geleitwort von Prof. Dr. Jürgen Reese, Wiesbaden 1999

Käufer, A., (Übertragung finanzieller Vermögenswerte 2008), Übertragung finanzieller Vermögenswerte nach HGB und IAS 39 – Factoring, Pensionsgeschäfte und Wertpapierleihen im Vergleich, Berlin 2009

Kaul, I., (Interview mit Prof. Spengel 2017), Der größte Steuerskandal in der Geschichte der Bundesrepublik, September 2017 https://www2.uni-mannheim.de/forum/forschung/Ausgabe%202-2017/Der%20gr%C3%B6%C3%9Fte%20Steuerskandal%20in%20der%20Geschichte%20der%20Bundesrepublik/ [Zugriff am 18.06.2019]

Klingenbrunnen, D., (Produktverbote 2018), Produktverbote zur Gewährleistung von Finanzmarktstabilität – Legitimation und Dogmatik unter der Annahme adaptiver, evolutionärer Finanzmärkte, Tübingen 2018

Knigge, D., Wittig, P., (Die zivil-, steuer-, und strafrechtlichen Dimensionen von Cum/Ex- und Cum/Cum-Geschäften 2019), Die zivil-, steuer-, und strafrechtlichen Dimensionen von Cum/Ex- und Cum/Cum-Geschäften, Zeitschrift für Wirtschaftsstrafrecht, Steuerstrafrecht und Unternehmensrecht, Band 9, Heft 3/2019, Köln 2019

Knobloch, A., (Steuerinduzierte Cum-ex- und Cum-cum-Geschäfte 2016), Steuerinduzierte Cum-ex- und Cum-cum-Geschäfte, Das Wirtschaftsstudium – Zeitschrift für Ausbildung, Prüfung, Berufseinstieg und Fortbildung, Band 45, Heft 6/2016, Düsseldorf 2016

Kolbinger, K., (Das wirtschaftliche Eigentum an Aktien 2008), Das wirtschaftliche Eigentum an Aktien, Frankfurt am Main 2008

Kraft, C., Kraft, G., (Grundlagen der Unternehmensbesteuerung 2017), Grundlagen der Unternehmensbesteuerung – Die wichtigsten Steuerarten und ihr Zusammenwirken, Wiesbaden 2017

Krumnow, J., (Rechnungslegung 2004), Rechnungslegung der Kreditinstitute, Stuttgart 2004

Külz, P., Valder, M., („Cum-Ex"-Deals 2016), „Cum-Ex"-Deals: Wann ist der Tatbestand der Steuerhinterziehung verwirklicht, Praxis Steuerstrafrecht, Heft 1/2016, Würzburg 2016

Larenz, K., Canaris, C., (Methodenlehre 2013), Methodenlehre der Rechtswissenschaft, Berlin/Heidelberg 2013

Manz, G., Mayer, B., Schröder, A., (Die Aktiengesellschaft 2014), Die Aktiengesellschaft – Umfassende Erläuterungen, Beispiele und Musterformulare für die Rechtspraxis, Freiburg 2014

Mertz, N., (Kapitalerträge aus börsennotierten Aktien 2018), Kapitalerträge aus börsennotierten Aktien – Systematik und Besteuerung – Zugleich ein Beitrag zur Kohärenz von Steuer- und Gesellschaftsrecht, Berlin 2018

Minter, S., (Anrechenbarkeit von Steuern) https://wirtschaftslexikon.gabler.de/definition/anrechenbarkeit-von-steuern-28956 [Zugriff am 18.06.2019]

Müller, M., Zeit Online (Späte Rechnung für Stripper 1994), Börse: Mit dubiosen Tricks haben Banken und Makler den Fiskus um riesige Summen erleichtert – Späte Rechnung für Stripper, 20.04.1994, https://www.zeit.de/1994/21/spaete-rechnung-fuer-stripper [Zugriff am 18.06.2019]

Nosetti, C., (Die Steuerumgehung 2014), Die Steuerumgehung – Grundlagen, Merkmale und Konzepte, Zürich 2014

Oberheide, R., (Die Bekämpfung der Steuerumgehung 1998), Die Bekämpfung der Steuerumgehung, Frankfurt am Main 1998

OECD, (Mandatory Disclosure Rules 2016), Mandatory Disclosure Rules – Action 12 – 2015 final report

Opitz, G., (Wegweiser im Depotgeschäft 1959), Wegweiser im Depotgeschäft, Wiesbaden 1959

Osterloh-Konrad, C., Heber, C., Beuchert, T., (Anzeigepflicht für Steuergestaltungen in Deutschland 2017), Anzeigepflicht für Steuergestaltungen in Deutschland – Verfassungs- und europarechtliche Grenzen sowie Überlegungen zur Ausgestaltung, Berlin 2017

Otto, T., (Die Besteuerung von gewinnausschüttenden Körperschaften 2007), Die Besteuerung von gewinnausschüttenden Körperschaften und Anteilseignern nach dem Halbeinkünfteverfahren, Berlin 2007

o.V., (Correctiv - Über uns), Über uns – Recherchen für die Gesellschaft, https://correctiv.org/ueber-uns/ [Zugriff am 18.06.2019] o.V., FAZ Online (Dubiose Aktiengeschäfte kommen unter die Lupe 2016), „Cum-Ex"-Börsendeals – Dubiose Aktiengeschäfte kommen unter die Lupe, 19.02.2016, https://www.faz.net/aktuell/finanzen/bundestags-untersuchungsausschuss-beleuchtet-cum-ex-boersendeals14079549.html [Zugriff am 18.06.2019]

o.V., (Order), https://www.onlinebrokervergleich.org/boersenlexikon/order/ [Zugriff am 18.06.2019]

o.V., (Außerbörslicher Handel), Außerbörslicher Handel – OTC-Handel erklärt https://www.forex.de/ausserboerslicher-handel-otc-handel-erklaert/ [Zugriff am 18.06.2019]

o.V., (Die Geschichte der Steuern), Die Geschichte der Steuern – kurz und knackig https://www.vlh.de/wissen-service/steuer-nachrichten/diegeschichte-der-steuern-kurz-und-knackig.html [Zugriff am 18.06.2019]

o.V., manager-magazin (Strittige Cum-Ex-Geschäfte, erster Musterprozess möglich 2019), Strittige Cum-Ex-Geschäfte, erster Musterprozess möglich – Großkanzlei Freshfields erneut durchsucht https://www.manager-magazin.de/finanzen/artikel/cum-ex-kanzlei-freshfields-durchsucht-erste-musterprozess-moeglich-a-1272875.html [Zugriff am 18.06.2019]

o.V. (Antrag auf Erstattung der deutschen Abzugsteuern auf Kapitalerträge), http://taxreclaimfiles.confinale.net/docu/master/v1.4.2/_downloads/25 1883.pdf [Zugriff am 18.06.2019]

o.V., (Meinung zu Cum/Ex war wissenschaftlich fundiert), Zeugenaussagen vor dem Untersuchungsausschuss, 04.10.2016, https://www.bundestag.de/dokumente/textarchiv/2016/kw39-pa-4ua-cum-ex-459368 [Zugriff am 18.06.2019]

o.V., (Änderung Settlement-Zyklus auf T+2) https://www.deka-etf.de/wissen/news/253 [Zugriff am 18.06.2019]

o.V., FAZ Online (Staatsanwälte ermitteln wegen Steuertricks gegen Banken 2016), 10.05.2016 https://www.faz.net/aktuell/wirtschaft/unternehmen/cum-cum-und-cum-ex-staatsanwaelte-ermitteln-wegen-steuertricks-gegen-banken-14224884.html [Zugriff am 18.06.2019] o.V., Legal Tribune Online, (Cum-Ex-Steuerdeals – Erste Anklage 2019), Cum-Ex-Steuerdeals – Erste Anklage soll „in Kürze" kommen, 28.03.2019 https://www.lto.de/recht/kanzleien-unternehmen/k/cum-ex-verfahren-verjaehrung-justizministerium-nordrhein-westfalen-biesenbach-anklage-staatsanwaltschaft-koeln/ [Zugriff am 18.06.2019]

Riede, M., Scheller, H., (Parlamentarische Untersuchungsausschüsse im Bundestag 2013), Parlamentarische Untersuchungsausschüsse im Bundestag – bloßes Skandalisierungsinstrument der Opposition?, Zeitschrift für Parlamentsfragen, Heft 1/2013, Baden-Baden 2013

Rüthers, B., Fischer, C., Birk, A., (Rechtstheorie 2018), Rechtstheorie mit juristischer Methodenlehre, München 2018

Schmalenbach, E., (Die Aktiengesellschaft 1950), Die Aktiengesellschaft, Wiesbaden 1950

Scheidt, S., (Zum Verständnis von „cum/ex" 2019), Zum Verständnis von „cum/ex" – Funktionsweise und Sachstand, Bonner Rechtsjournal, Band 12, Heft 1/2019, Bonn 2019

Schöning, S., (CCP), Central Counterparty (CCP), https://wirtschaftslexikon.gabler.de/definition/central-counterparty-ccp-53821 [Zugriff am 18.06.2019]

Schulte-Rummel, B., (Steuerumgehung und Hinzurechnungsbesteuerung 2005), Steuerumgehung und Hinzurechnungsbesteuerung – Die Auswirkungen von § 42 Abs. 2 AO – gleichzeitig eine Neubestimmung des Begriffs „Missbrauch", Hamburg 2005

Schwerdtfeger, H., WirtschaftsWoche Online (Steuer-Schlupflöcher vor dem Aus 2015), Cum-Cum-Geschäfte – Steuer-Schlupflöcher vor dem Aus, 15.10.2015, https://www.wiwo.de/finanzen/steuern-recht/cum-cum-geschaefte-fuer-alle-ein-plus-ausser-den-fiskus/11773714-2.html [Zugriff am 18.06.2019]

Seegebarth, N., (Stellung und Haftung der Depotbank 2004), Stellung und Haftung der Depotbank im Investment-Dreieck, Frankfurt am Main 2004

Seewald, B., Welt (So drückte man sich im alten Rom vor der Steuer), So drückte man sich im alten Rom vor der Steuer, 25.04.2013, https://www.welt.de/geschichte/article115595421/So-drueckte-man-sich-im-alten-Rom-vor-der-Steuer.html [Zugriff am 18.06.2019]

Spengel, C., (Sachverständigengutachten nach § 28 PUAG für den 4. Untersuchungsausschuss der 18. Wahlperiode 2016), Darlegung der tatsächlichen und rechtlichen Gegebenheiten, welche bei sogenannten Cum/Ex-Geschäften mit Leerverkäufen zur mehrfachen Erstattung bzw. Anrechnung von tatsächlich nur einmal einbehaltener und abgeführter Kapitalertragsteuer bzw. bis zur Abschaffung des körperschaftsteuerlichen Anrechnungsverfahrens nur einmal gezahlter Körperschaftsteuer führten - Sachverständigengutachten nach § 28 PUAG für den 4. Untersuchungsausschuss der 18. Wahlperiode, 28.07.2016 https://www.bundestag.de/resource/blob/438666/15d27facf097da2d5 6213e8a09e27008/sv2_spengel-data.pdf [Zugriff am 18.06.2019]

Spengel, C., (Dringender Handlungsbedarf bei Cum/Cum-Geschäften 2016), Dringender Handlungsbedarf bei Cum/Cum-Geschäften, Der Betrieb 23.12.2016, Heft 51

Strohm, J., Jachmann-Michel, M., (Abgeltungssteuer 2016), Abgeltungsteuer – Überblick über die Neuregelung mit grafischen Übersichten und Beispielen, Stuttgart 2016

Tipke, K., Lang, J., (Steuerrecht 1991), Steuerrecht – Ein systematischer Grundriß, Köln 1991

Unfried, A., (Steuerrecht und Dividenden-Stripping 1998), Untersuchungen über das Spar-, Giro-, und Kreditwesen – Steuerrecht und Dividenden-Stripping, Berlin 1998

Verfasser geschwärzt, (Der Nichtanwendungserlass im Steuerrecht 2009), Der Nichtanwendungserlass im Steuerrecht – Ausarbeitung des wissenschaftlichen Dienstes des Deutschen Bundestags, 13.05.2009, https://www.bundestag.de/resource/blob/410474/92005b8e5e82270f8 71d7495523f4e64/wd-4-080-09-pdf-data.pdf [Zugriff am 18.06.2019]

Verfasser geschwärzt, (Schreiben des Bundesverbands deutscher Banken 2002), Abwicklung von Aktiengeschäften an der Börse in zeitlicher Nähe zum Ausschüttungstermin, 20.12.2002, https://fragdenstaat.de/anfrage/formulierungsvorschlag-bankenverband-cum-ex-geschafte/71317/anhang/Anlagezu2017_0617759.pdf [Zugriff am 18.06.2019]

Winkler, N., (Das Stimmrecht der Aktionäre in der Europäischen Union 2006), Das Stimmrecht der Aktionäre in der Europäischen Union, Schriften zum europäischen und internationalen Privat-, Bank-, und Wirtschaftsrecht, Hamburg 2006

Wrede, M., (Ökonomische Theorie des Steuerentzuges 1993), Ökonomische Theorie des Steuerentzuges – Steuervermeidung, -umgehung und – hinterziehung, Berlin/Heidelberg 1993

Abbildungsverzeichnis

Abbildung 1:

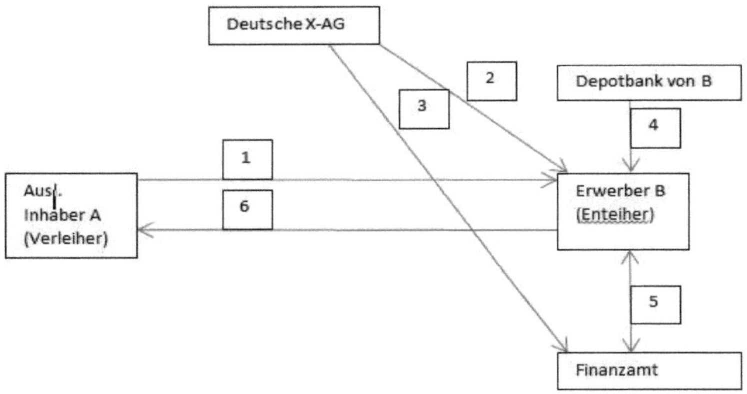

Abbildung 1:   Schema zum Ablauf eines Cum-Cum-Geschäfts mit Wertpapierleihe
Quelle: Eigene Darstellung in Anlehnung an u.a. Dutt, V., Spengel, H., Vay, H.,
(Dividendenstripping durch Cum/Ex- und Cum/Cum-Geschäfte 2018),
Dividendenstripping durch Cum/Ex- und Cum/Cum-Geschäfte – Analyse aktueller
Entwicklungen, Zeitschrift für die gesamten Steuerwissenschaften, Band 95, Heft
3/2018, Köln 2018

Abbildung 2:

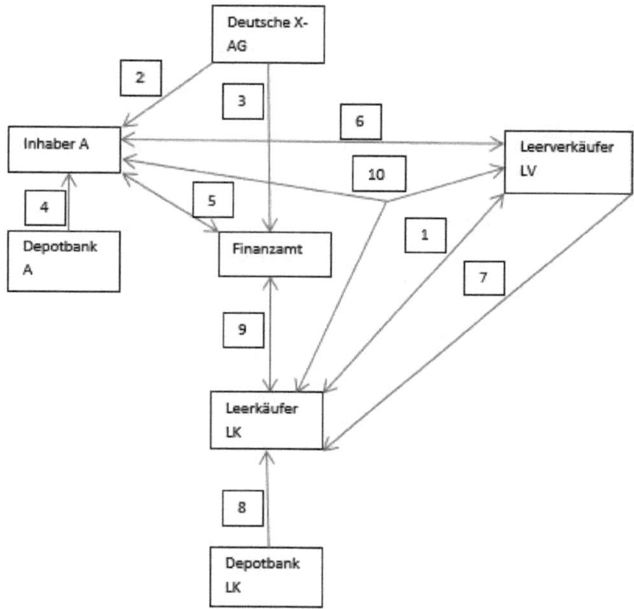

Abbildung 2: Schema zum Ablauf eines Cum-Ex-Geschäfts mit Leerverkauf
Quelle: Eigene Darstellung in Anlehnung an u.a. Dutt, V., Spengel, H., Vay, H., (Dividendenstripping durch Cum/Ex- und Cum/Cum-Geschäfte 2018), Dividendenstripping durch Cum/Ex- und Cum/Cum-Geschäfte – Analyse aktueller Entwicklungen, Zeitschrift für die gesamten Steuerwissenschaften, Band 95, Heft 3/2018, Köln 2018

Urteilsverzeichnis

BFH, Urteil vom 18.12.1968, III R 71/68, Bundessteuerblatt (BStBl.) II 1969, 232

BFH, Urteil vom 15.12.1999, I R 29/97, Bundessteuerblatt (BStBl.) II 2000, 527

BFH, Urteil vom 16.04.2014, I R 2/12, Sammlung der Entscheidungen des Bundesfinanzhof (BFH/NV) 2014, 1813

BFH, Urteil vom 18.08.2015, I R 88/13, Bundessteuerblatt (BStBl.) II 2016, 961

BFH, Urteil vom 08.03.2017, IX R 5/16, Bundessteuerblatt (BStBl.) II 2017, 930

EuGH, Urteil vom 20.10.2011, C-284/09, ECLI:EU:C:2011:670 Rz, S. 72

FG Hessen, Urteil vom 08.10.2012, 4 V 1661/11, EFG 2013, 47

FG Hessen, Urteil vom 10.02.2016, 4 K 1684/14, EFG 2016, 761

FG Hessen, Urteil vom 10.03.2017, 4 K 977/14, EFG 2017, 656

FG Niedersachen, Urteil vom 21.11.2013, 6 K 366/12, EFG 2014, 494